Raul Ries/Lela Gilbert

ERRETTET
AUS
DER
TIEFSTEN HÖLLE

Verlag C.M. Fliß
Lütt Kollau 17, D-2000 Hamburg 61

*Meiner Frau Sharon gewidmet,
die während vieler Jahre treu
für mich gebetet hat.
Ebenso meinen Söhnen Raul, Shane
und Ryan, die Gott in Seiner Liebe
mir geschenkt hat. Ich bete, daß ihr
aus diesem Buch Kraft für euer Leben
schöpft und durch die Veränderung, die
es im Leben anderer Menschen bewirkt,
gesegnet werdet*

1. Auflage 1987
Titel der Originalausgabe: From Fury to Freedom
Übersetzung: Doris Ewert, Leer
Umschlag: Wepler & Burfeind, Hamburg

© 1986 by Harvest House Publishers,
Eugene, Oregon 97402, USA,
all rights reserved
© der deutschsprachigen Ausgabe 1986
by Verlag C.M. Fliß, 2000 Hamburg 61
ISBN 3-922349-35-8

Wir informieren Sie gerne über unser Gesamtprogramm:
C. M. Fliß, Postfach 610470, 2000 Hamburg 61

VORWORT

Beim Lesen der Lebensgeschichte von Raul Ries hat es mich besonders bewegt zu sehen, wie Gott diesen Mann und seine Familie bewahrt hat und wie Er mit den zerrütteten familiären Verhältnissen fertig geworden ist. Dieses Buch ist positiv und wird vielen Familien Mut machen, sich mit ihren eigenen deprimierenden Gefühlen und Erfahrungen auseinanderzusetzen. Das Wissen darum, daß Gott die wirkliche Antwort für alle Schwierigkeiten und Probleme ist, wird ihnen helfen, die augenblickliche schwere Zeit durchzustehen.

Immer wieder erleben wir, daß Gott ein Gott ist, der Wunder tut. Er holte Raul aus der tiefsten Hölle, aus den Umstrickungen der Verzweiflung, der Unsicherheit, der Furcht, des Hasses und der Selbstzerstörung heraus und ließ ihn durch Seine wunderbare ERRETTUNG heil werden: heil an Seele und Geist. Raul ist ein Beweis dafür, wie Gott in Seiner Gnade das Leben eines Jungen bewahrt und ihn zum Mann heranwachsen läßt. Jesus hat ihn in Seine Arme genommen und durch Seine Liebe alle Verletzungen seiner Kinderzeit geheilt. Er hat ihm Geborgenheit geschenkt und seinem Leben einen Sinn und eine Richtung gegeben, die er verzweifelt gesucht hatte.

Ich bin glücklich, daß Raul jetzt für Jesus lebt. Was für ein gewaltiges Wunder! Raul hat, genau wie seine hübsche, rothaarige Frau Sharon und ihre Kinder, erkennen dürfen, was Christsein wirklich bedeutet. Dadurch sind sie zu einer glücklichen Familie geworden, die Gott liebt und Ihm von Herzen dient.

Ich kenne Raul schon lange. Er ist einer der besten Bibellehrer, denen ich begegnet bin. Sein biblisches Wissen ist wirklich ein Geschenk Gottes. Als Hirte steht er, von seinen Gemeindegliedern geschätzt und geliebt, dem großen Werk in der Calvary Chapel von West-Covina/Kalifornien vor. Ich staune immer wieder über die Weisheit und Liebe dieses Mannes. Raul Ries ist das, was man einen „erfolgreichen Prediger" nennen könnte, und er ermutigt und inspiriert alle, die um ihn herum sind. Dieses Buch zeigt zwei Arten der Liebe auf – die menschliche und die göttliche Liebe. Wenn diese beiden zusammentreffen, geschieht etwas Wunderbares, etwas Übernatürliches im Leben eines Menschen.

Mein Gebet ist, daß dieses Buch Balsam für viele kaputte Familien wie auch problembeladene Einzelpersonen sein möge.

Nicky Cruz
Evangelist / Autor
Colorado Springs, Colorado

INHALTSVERZEICHNIS

1

MAMACITAS GEBET

Mein Sportwagen bog in die Toreinfahrt ein. In der sorgfältig gewachsten Kühlerhaube spiegelten sich die Straßenlaternen. Mit einem selbstzufriedenen Grinsen öffnete ich das Garagentor. In meinen Gedanken geisterte immer noch ein gewisses verführerisches Lächeln herum. Eine meiner hübschesten Kung Fu-Schülerinnen war heute abend mehrmals mit ihrem Blick dem meinen begegnet. Als sie mir dann eine „Gute Nacht" gewünscht hatte, hatte ich in ihren Augen eine eindeutige Aufforderung lesen können. Und auf dem Stück Papier, das sie mir in die Hand gedrückt hatte, stand in sauberen Druckbuchstaben eine bestimmte Telefonnummer.

Im Gefühl meines guten Aussehens schritt ich forsch und selbstbewußt auf die Haustür zu und drückte auf die Klingel. Nichts rührte sich. Augenblicklich war meine gute Laune verflogen. *Sharon weiß ganz genau, daß ich keinen Schlüssel bei mir habe. Warum geht sie einfach weg und läßt mich vor verschlossener Tür stehen?*

Dann fiel es mir wieder ein –, es war ja Sonntag abend! Bittere Gedanken stiegen in mir auf und belasteten mich. *Sie ist in der Kirche. Natürlich! Das fromme Dämchen!*

Ich ging ums Haus herum und warf die Gartentür mit einem Knall ins Schloß. Wieder einmal mußte ich versuchen, durch das

6

Küchenfenster ins Haus zu gelangen. Als ich an den verbeulten Mülleimern vorbeikam, machte ich eine unerhörte Entdeckung: Meine teuren, fast neuen Hanteln lagen im Abfalleimer! *Na warte, du ——! Ich werde dir helfen, dich an meinen Sachen zu vergreifen!* Wütend hieb ich mit der Faust auf meine Handfläche.

Panther, unser treuer Schäferhund, leckte mir vorsichtig die Finger, während ich wie angewurzelt da stand und zornbebend auf die weggeworfenen Hanteln starrte. „Hallo, Panther, mein Guter! Hast du Hunger? Hat sie dir nichts zu fressen gegeben?"

Meine Augen überflogen das Stück Garten hinter dem Haus. Der Anblick unzähliger Hundehaufen ärgerte mich. „Schlimm, daß sie einfach den Dreck nicht wegmachen will, was, Kleiner?" Wieder wallte der Zorn in mir auf. Nicht, daß meine Frau etwas gegen Panther hatte; sie wollte nur, daß *ich* den Dreck entfernen sollte, „. . . . damit die Kinder dort hinten spielen können, Raul."

„Mach das gefälligst selber!" hatte ich sie angeschrien. „Ich hab meine Arbeit, studiere nebenbei und leite außerdem noch ein Kung Fu-Studio. *Du* dagegen hast nichts anderes zu tun als zu Hause zu sitzen oder in die Kirche zu rennen!"

Ich kletterte durch das Fenster, so wie ich es schon oft getan hatte. Sharon ärgerte sich immer darüber, daß ich ohne Schlüssel aus dem Haus ging. „Wieso muß ich jedesmal alles stehen und liegen lassen, um dir die Tür aufzumachen?" hatte sie mehr als einmal gefragt. „Ist das denn so schwierig, dir einen Schlüssel in die Tasche zu stecken?"

„Quatsch! Du hast sowieso nie was zu tun!" hatte ich sie angeherrscht. „Wenn du mir die Tür aufmachst, ist das wenigstens etwas Vernünftiges!"

Ich riß die Küchentür auf, um über den Flur ins Wohnzimmer zu gelangen, und stolperte dabei fast über etwas, was mitten im Korridor stand. Wie gelähmt hielt ich inne. *Koffer!*

Also will sie mich allen Ernstes verlassen! Sharon hatte schon x-mal gedroht auszuziehen, aber es war nie so weit gekommen. Wild blickte ich mich im Zimmer um. Ein Loch in der Wand, genau so groß wie meine Faust, zog meine Aufmerksamkeit auf sich. „Bitte, repariere es, Raul!" hatte sie mich gebeten. „Was soll ich meinen Leuten sagen, wenn sie mich danach fragen?"

„Pah, deine Leute!" hatte ich gefaucht und sie beiseite geschoben. „Mußt du immer aus allem so eine große Sache machen?"

Ich ließ mich in meinen Sessel fallen und versuchte, Ordnung in meine Gedanken zu bringen. Widerstreitende Gefühle brennenden Hasses auf der einen und einer unerklärlichen Traurigkeit auf der anderen Seite erfüllten mich. Von verschiedenen Fotos sahen mich die lächelnden Gesichter unserer Jungen an: Klein-Raul und Shane. Sharon würde sie mitnehmen. In Gedanken sah ich meine Frau bereits glücklich verheiratet – mit einem anderen Mann. Meine beiden Söhne würden einen Fremden „Papi" nennen .... Die Tränen schossen mir in die Augen. *Warum nicht wir? Weshalb kann es bei uns zu Hause keinen Frieden geben?*

Doch diese sentimentalen Gefühlsregungen gingen allzubald in dem von neuem aufsteigenden Zorn unter. Ich spürte wieder die gewohnte Härte, als ich in die mich umgebende Stille hineinrief: „Meinst du wirklich, du könntest mich einfach verlassen? Täusch dich nur nicht, Frau! Wenn ich meine Familie nicht haben kann, soll sie auch kein anderer bekommen!"

Ich sprang auf, stürmte quer durchs Zimmer und riß die Tür des Wandschranks auf. Im Dunkeln machte ich mir darin zu schaffen, indem ich zunächst krampfhaft versuchte, eine Reihe von Kleidungsstücken beiseite zu räumen, ehe meine Finger endlich das Gesuchte umschlossen –, den glatten, kalten Lauf eines 22-Kaliber-Gewehrs. Ich zog die Waffe heraus und untersuchte sie. Dann tastete ich die Schrankfächer nach den Patronen ab. Verbissen, aber dennoch fachgerecht lud ich die Waffe.

„Nicht umsonst bin ich in Vietnam gewesen, Frau! Es ist wirklich nicht schwer, jemanden totzuschießen!"

Ich setzte mich wieder. Stand auf. Lief ein paar Schritte. Schaltete den Fernsehapparat ein. Setzte mich hin. Starrte auf die Mattscheibe. Lauschte. Und lauschte wieder.

Jener Abend endete nicht so, wie ich es geplant hatte. Keiner, am allerwenigsten aber ich, Raul Ries, ahnte etwas von der Wende, die mein Leben von heute an nehmen sollte. Wie aber hatte es überhaupt dazu kommen können, daß ich in solche Verzweiflung geriet? Was hatte dazu geführt, daß ein Mann wie ich kaltblütig seine Frau und seine beiden Söhne ermorden wollte?

8

Vierundzwanzig Jahre meines jungen Lebens lagen hinter mir, Jahre, die erfüllt waren von Haß, Zorn und Gewalttätigkeit. Warum? Wo hatte das alles angefangen? Und wie hatte es solche schrecklichen Ausmaße annehmen können?

✻ ✻ ✻

Ich sehe mich selbst immer noch vor mir –, ein dünnes, kleines Kerlchen mit großen Augen, eingehüllt in die Schatten der Nacht in Mexiko-City. Obwohl ich erst fünf Jahre zählte, hatte ich wieder und wieder draußen in der Kälte gewartet.

Ein Tag nach dem anderen verlief genau nach dem gleichen Muster. Morgens nahm mein Vater mich auf dem Motorrad mit zu seiner Arbeitsstelle. Während er dort in der Bank arbeitete, vertrieb ich mir die Zeit in der Nähe des großen steinernen Gebäudes. Langeweile kannte ich nicht, denn der Strom interessanter Menschen, die fortwährend kamen und gingen, faszinierte mich immer wieder aufs neue. Doch wenn es Nachmittag wurde, begann ich mich zu fürchten. Bald würde die Bank ihre großen, würdevoll aussehenden Tore schließen, und dann würde für mich die bekannte Tortur losgehen.

Nach Geschäftsschluß saß ich rittlings auf dem Rücksitz von Vaters Motorrad, während er sich durch die belebten Straßen der Stadt schlängelte, um sein Lieblingsnachtlokal anzusteuern. Dort ließ er sich von seinem „zweiten" Leben gefangennehmen. Vater setzte mich immer an einem Zeitungsstand unmittelbar vor dem Eingang des Nachtlokals ab. „Warte hier!" befahl er streng. Ich roch den Alkoholdunst und sah Wolken von blauem Tabaksqualm durch die einen Spaltbreit geöffnete Tür auf die Straße ziehen.

Die Zeit zog sich endlos hin. Irgendwann brachte mir die eine oder andere nette Frau manchmal etwas zu essen –, einen Teller Bohnen und Reis mit ein paar Stückchen von zu lange gebratenem Fleisch. Das alles spülte ich mit lauwarmer Coca-Cola hinunter. Und dann wartete ich weiter.

Ich langweilte mich, war traurig und frustriert. So vergingen viele Stunden. Die Leute kamen und gingen –, Menschen von völlig anderem Aussehen, als ich sie tagsüber vor der Bank gesehen hatte.

Schließlich tauchte Vater wieder auf. Er war jetzt betrunken – und gefährlich. Unsanft hob er mich auf sein Motorrad, und die schwindelerregende Fahrt nach Hause konnte beginnen. Meine Mutter wartete bereits an der Tür auf uns. „Du nutzloser Säufer!" schrie sie meinen Vater an. „Du hast wieder alles Geld mit deinem —— Whisky verplempert!" Vater versetzte ihr eine Ohrfeige und stieß sie ins Haus. Seine Flüche, ihre Schreie und das Geräusch der herniederprasselnden Schläge erfüllten die Luft.

Wie ich meinen Vater haßte! Und Mutter mit ihrer manipulierenden Art war fast genau so schlimm. Trotzdem glaubte ich in meiner Naivität, daß sie meinen Schutz nötig hatte. Vielleicht war das der Grund, warum mein jüngerer Bruder Xavier und ich so oft in die Auseinandersetzungen hineingezogen wurden. Unsere Familie befand sich ständig in einem Taumel emotionsgeladener Gewaltausbrüche.

Zum Glück besaß ich jedoch einen Zufluchtsort. Ich hatte eine Großmutter, die ich zärtlich „Mamacita", kleine Mutter, nannte. Sie war der einzige Mensch, der mich wirklich liebzuhaben schien. Voller Angst und Schrecken flüchtete ich oft vor dem rasenden Zorn meines Vaters und rannte durch die Straßen der Stadt bis zu Mamacitas schönem Haus. Sobald ich das elegante Anwesen mit dem üppigen Pflanzenbewuchs, abseits vom Lärm der Stadt gelegen, betreten hatte, löste sich die Verkrampfung in meinem kindlichen Körper.

„Willkommen, Raul! Wie schön, dich zu sehen!" begrüßte Großmutter mich, und ihren dunklen Augen leuchteten vor Freude. „Möchtest du über Nacht hierbleiben?"

„Ja, Mamacita. Ich würde liebend gerne bleiben!" Ob sie wußte, daß ich damit einer Tracht Prügel entging?

„Gut! Morgen leihen wir uns ein paar Fahrräder aus. Du und Sonia, ihr beide könnt zusammen fahren."

„Danke, Mamacita!" Ehe ich recht zur Besinnung gekommen war, brachte sie mir bereits etwas zu essen auf meinem Lieblingsteller. Auch ein Glas kalte, sahnige Milch fehlte nie.

Mamacitas Heim strahlte einen größeren Wohlstand aus als das unsere. Sie arbeitete beinahe Tag und Nacht, um sich finanziell über Wasser zu halten. Nur selten legte sie die Hände in den

Schoß. Wenn sie in ihrem kleinen Lebensmittelladen einmal keine Kunden zu bedienen hatte, strickte sie irgendwelche Kleidungsstücke, die sie dann verkaufte. Die Trunksucht meines Vaters ließ in unserer Familie keinerlei Luxus zu. Trotzdem, unsere Wohnung war sauber, und wir hatten genug zu essen. Wir brauchten nicht in Armut zu leben.

Nein, der wirkliche Unterschied zwischen unseren beiden Häusern war nicht materieller Art. In Mamacitas Heim herrschte Frieden. Ich fühlte mich dort wirklich „zu Hause", ohne ständig Angst vor giftigen Worten oder Schlägen haben zu müssen. Die gemeine Ausdrucksweise meiner Eltern schnitt mir ins Herz, aber Großmutter Ries sprach sanft, und aus ihren Augen strahlten Liebe und Freundlichkeit.

Abgesehen von Mamacitas Heim, war der Friede für mich etwas Unbekanntes. Von klein auf sehnte ich mich nach Frieden, doch je mehr ich ihn suchte, desto weniger konnte ich ihn finden. Er wurde ständig von dem Aufruhr in meinem Innern vertrieben.

Doch es kam auch vor, daß ich nicht einmal in Mamacitas Haus Zuflucht suchen konnte. Eines Nachmittags – ich war ungefähr sieben Jahre alt – war sie gerade bei uns zu Besuch. Ich geriet mit Xavier in Streit, was nichts Ungewöhnliches war. Es fiel uns meistens leichter, Schläge auszutauschen als Freundlichkeiten. Dummerweise war diesmal aber Vater zu Hause. Er versuchte, uns beide Kampfhähne zu trennen und aus unserer verbissenen Umklammerung zu lösen. Als wir trotzdem weiterstritten, wurde er ungeduldig und schließlich sogar gewalttätig. Als erstes packte er Xavier im Genick und schleuderte ihn quer durchs Zimmer. Dann stürzte er sich auf mich. „Ich bring dich um, du elender Säufer!" brüllte ich. Die Worte waren mir herausgerutscht, ehe ich es verhindern konnte.

„Was sagst du da, du kleiner ——!" Seine Sprache war rauh, aber die Faust, die meine Unterlippe traf, brutal. Das Blut rann mir heiß übers Kinn hinunter. Dann packte er mich, trug mich in mein Zimmer, warf mich aufs Bett und schloß die Tür von außen zu. „Wehe, wenn du aufstehst! Dann bekommst du *noch* eine Tracht!" schrie er durch die Tür.

Es war erst 4.30 Uhr nachmittags. Die Sonne würde an diesem

heißen Sommertag noch stundenlang vom Himmel herabbrennen. Ich lag regungslos auf dem Bett und hielt mir das Taschentuch vor den Mund. Der Stolz verbot mir zu weinen. Langsam schlichen die Stunden dahin. Zu Mamacita laufen konnte ich nicht –, sie war ja hier bei uns. Es blieb mir nichts anderes übrig, als liegenzubleiben und zu warten, bis der Schlaf mich übermannen würde.

Schließlich wurde es draußen auf der Straße ruhiger, und die hereinbrechende Dunkelheit brachte Erleichterung von der schrecklichen Hitze. Ich döste vor mich hin. Da, wo die Faust meines Vaters ihre blutroten Spuren hinterlassen hatte, brannte mein Gesicht wie Feuer. Plötzlich weckte mich der Klang einer vertrauten Stimme aus dem Halbschlaf. Mamacita befand sich auf dem Flur vor meinem Zimmer. Sie ging leise auf und ab und betete dabei mit gedämpfter, tränenerstickter Stimme: „..... und, Vater im Himmel, ich bete auch für meinen Enkel Raul. Ich bete, daß du ihn bewahren mögest. Laß ihn zu einem starken, gesunden Mann heranwachsen, einem Mann, der Gott kennt. Ich bete, daß er Frieden finden möge. Vater im Himmel, laß Frieden um ihn und in ihm sein."

Eine unaussprechliche Sehnsucht erfaßte mich. Doch als ich ebenfalls zu beten versuchte, brachte ich kein Wort heraus. In der einsamen Stille meines Zimmers fing ich an zu schluchzen.

Mamacita hatte für mich gebetet ..... Mamacita betete immer. Ich fragte mich, ob wohl einer jemals ihre Gebete erhört hatte. Gab es wirklich einen „Vater im Himmel"? Und wenn ja, war Er so ähnlich wie mein Vater drüben im anderen Zimmer? Endlich fiel ich erschöpft in einen tiefen, traumlosen Schlaf.

Drei weitere schreckliche Jahre folgten, Jahre, in denen Mamacitas Gebete ungehört und unerhört zu verhallen schienen. Als ich das zehnte Lebensjahr vollendet hatte, war das Leben für uns beinahe unerträglich geworden. Wir waren in ein Haus aus Lehmsteinen und mit einem Lehmfußboden umgezogen. Manchmal hatten wir nicht einmal genug zu essen. Tagaus, tagein war unser Leben der Bedrohung immer heftiger werdender Gewaltausbrüche meines Vaters ausgesetzt. Ein Entrinnen schien unmöglich. Selbst in dem unverändert treuen Lächeln Mamacitas schien der Hoffnungsschimmer schwächer zu werden. Was sollte noch aus unserer zerschlagenen Familie werden? Würde sich bei uns je etwas ändern?

EINE UNERWARTETE REISE

2

Es war an einem kalten Herbstmorgen, als ich gerade zehn Jahre zählte. Ich war durch irgendwelche unbekannten Geräusche in unserem kleinen Häuschen aus dem Schlaf gerissen worden. Verschlafen rieb ich mir die Augen und versuchte herauszufinden, was es war, das mich geweckt hatte.

Schubladen wurden auf- und zugemacht, Kleiderbügel im Schrank hin- und hergeschoben. War da nicht gerade ein Kofferschloß zugeschnappt? Ich öffnete ganz die Augen und starrte an die Decke, wobei ich mir vorzustellen versuchte, was heute geschehen würde.

Ich konnte mich noch verschwommen an die Auseinandersetzung vom gestrigen Abend erinnern, die begonnen hatte, als ich gerade am Einschlafen war. Es war zwar nichts Ungewöhnliches für mich, daß meine Eltern sich gegenseitig anschrien, aber der Streit gestern abend war irgendwie anders gewesen. Die Stimme meiner Mutter hatte selbstsicherer geklungen als sonst und auch weniger verwundbar. Vater dagegen in seinem betrunkenen Zustand hatte gejammert und gefleht, anstatt sie zu attackieren.

Und jetzt diese ungewohnten Aktivitäten – was war nur los? Bevor ich noch aus dem Bett steigen konnte, um das Geheimnis zu ergründen, war es bereits teilweise gelöst. „Raul! Steh auf und zieh

dich an! Wir wollen eine Reise machen!" Mutters Stimme klang
scharf und dringend. „Zieh dich *sofort* an!"

„Wohin fahren wir denn?"

Meine Frage wurde zwar im Augenblick nicht beantwortet, aber
mein Herz fing vor freudiger Erregung heftig an zu pochen. Eine
Reise, hatte Mutter gesagt! Und Vater war nirgends zu sehen.
Auch seine Stimme hatte ich noch nicht ein einziges Mal gehört.
War es möglich, daß wir ohne ihn verreisen würden?

Hoffnungsvoll erhob ich mich von meinem Lager und griff nach
meinen Kleidern. Sofort war Mutter zur Stelle und half mit, mich
schleunigst anzuziehen. In Windeseile packte sie dann meine
übrigen Habseligkeiten in einen verbeulten Handkoffer.

Minuten später stand ich da, gewaschen, gekämmt und mit
meiner allerbesten Hose und dem Sonntagshemd bekleidet.
„*Wohin* fahren wir?" wiederholte ich atemlos meine Frage, während Xavier, Sonia und ich hinter Mutter her auf den vor der Tür
haltenden Wagen meines Onkels zueilten.

„Zum Flughafen!" Meine Mutter sprach ruhig und mit verhal-
tenem Stolz. „Wir fliegen nach Tijuana und fahren von dort über
die Grenze in die Vereinigten Staaten. Wir verlassen euren
Vater!" Spontan brachen wir drei Kinder in Jubel aus. Wir hatten
genug Trunkenheit ansehen müssen, genug Streitereien und
Schläge mitbekommen. Wir waren für den Rest unseres Lebens
bedient! An jenem Morgen wehte draußen ein frischer Herbst-
wind, aber die große innere Freude erwärmte mich von Kopf bis
Fuß, während wir uns auf den Weg zum Flughafen von Mexiko-
City machten. Die plastikbezogenen Sitze in der Flughafenhalle
waren so angebracht, daß man ungehindert aus den großen Fenstern nach draußen blicken und die riesigen Maschinen beobachten konnte, wie sie auf der Rollbahn aufsetzten oder mit Don-
nergetöse abhoben. Vor Begeisterung und Freude konnte ich
kaum sprechen. Dies war ein ganz neuer Anfang! Die Wolken der
Verzweiflung und der beständigen Furcht, die mein ganzes bisheriges Leben überschattet hatten, fingen bereits an, sich in Nichts
aufzulösen. Endlich brauchte ich keine Angst mehr zu haben!

Bis jetzt hatte es keinen Tag gegeben, an dem nicht der Jähzorn
meines Vaters mein junges Leben bedroht hatte. Sogar wenn ich

bei Mamacita gewesen war, hatte ich gewußt, daß ich in kurzer Zeit wieder in unser haßerfülltes Haus zurückkehren mußte. Jetzt aber winkte die goldene Freiheit –, wie würde sie sein?

Das Motorengeräusch der Flugzeuge und das geschäftige Treiben der hin und her eilenden Menschen vergrößerten nur meine Vorfreude. Bald wurde über Lautsprecher zu unserem Flug aufgerufen. Wir machten uns schleunigst auf den Weg zum bezeichneten Ausgang, um zu unserer Maschine zu gelangen. In Gedanken nahm ich Abschied von Mexiko. Nur das Wissen, daß ich Mamacita zurücklassen mußte, ließ eine Spur von Traurigkeit in meinem Herzen aufkommen. Doch bestimmt würde ich sie einmal wiedersehen. Heute gehörte die Welt mir!

Der Flug selbst war für einen Jungen meines Alters ein wunderbares Erlebnis. Xavier und ich waren von dem Gedanken fasziniert, über den Wolken zu schweben. Als wir in Tijuana landeten, wurden wir von zwei lächelnden Fremden begrüßt. Ich erfuhr, daß es meine Tante und mein Onkel waren –, Mutters Schwester mit ihrem Mann.

Wir drängten uns in ihr glänzend gewienertes, brandneues Auto und saßen zunächst stumm und mit vor Staunen weit aufgerissenen Augen auf unseren Plätzen –, zumindest wir Kinder. Als ob der Flug nicht schon aufregend genug gewesen wäre! Jetzt sollten wir gar nach Los Angeles fahren, in die Vereinigten Staaten! Doch zuvor mußten wir die Grenze passieren. Männer in Uniform untersuchten unsere Koffer und fragten nach irgendwelchen Papieren. Schließlich ließen sie uns weiterfahren.

Amerika war für uns bisher immer der Inbegriff all unserer Hoffnungen und Träume gewesen, der einzige denkbare Ausweg aus der schrecklichen Misere, in der wir uns befanden. Nun sollte es unsere neue Heimat werden. Viele Fragen bewegten uns: Würden wir ein großes Haus haben? Wie würde das Essen schmecken? Würden wir neue Freunde finden?

Während der ganzen Fahrt dachten wir darüber nach. Doch so wichtig diese Fragen auch für uns waren, so wurden sie doch von dem einen überwältigenden Gedanken verdrängt: Vater würde nicht da sein! Das genügte, um alle neuen Erlebnisse und Erfahrungen, die uns bevorstanden und andere Kinder vielleicht ängstlich gemacht hätten, auszugleichen. Für uns gab es nichts, was uns Furcht einflößen konnte – außer *ihm*.

Langsam fuhr mein Onkel auf das Haus Ecke Third Street/ Huntley Drive zu, um uns Gelegenheit zu geben, uns allmählich an den Anblick zu gewöhnen. Es war ein großes, schönes Gebäude mit sauberen Gardinen an den Fenstern und einem ordentlich gefegten Bürgersteig vor dem Haus. Oma und Opa Fernandez, die Eltern meiner Mutter, hatten dieses schöne Anwesen gemietet. Und in seinen gepflegten Mauern herrschte der gleiche Friede, den ich in Mamacitas Heim festgestellt hatte.

Omas Augen waren naß von Tränen der Rührung und Freude, als sie uns erblickte. Und Opa war mein *Freund* –, das wußte ich gleich bei der Begrüßung. „Wartet nur, Kinder", sagte er, „was wir euch alles zeigen werden! Habt ihr schon etwas von Disneyland gehört? Dort wollen wir mit euch hinfahren. Und auch zur Knott's Berry Farm –, da sieht es aus wie in einer alten Wildweststadt! Wenn es dann wieder Sommer wird, gehen wir an den Strand zum Baden. Es wird euch bestimmt hier gefallen!"

Und es gefiel uns wirklich. Die Erkundung aller sagenhaften Attraktionen, die Südkalifornien zu bieten hatte, zog sich über Monate hin. Für jeden anderen sahen wir wahrscheinlich so aus wie andere fröhliche Touristen auch, aber für uns selber bedeutete es weit mehr. Endlich lebten wir in einer Umgebung, in der genug Platz für Lachen, Zuneigung und freundliche Worte war. Hier konnten wir wirklich wachsen und gedeihen und uns zu gesunden Persönlichkeiten entwickeln.

Im nächsten Herbst fing ich an, eine katholische Schule zu besuchen. Ich war in der dritten Klasse und konnte absolut kein Englisch. Ich sah, wie die Nonnen, unsere Lehrerinnen, sich mit allen anderen Kindern problemlos verständigten, und es war beinahe komisch, überhaupt nichts von ihrer Unterhaltung zu verstehen. Zum Glück ist Spielen eine Sprache, die alle Kinder auf der ganzen Welt verstehen, und durch mein freundliches Lächeln fand ich bald Freunde auf dem Schulhof. Es dauerte nicht lange, bis ich den Sinn der vielen neuen Worte und Ausdrücke, die um mich herumschwirrten, verstehen lernte.

Nach einigen Monaten sprach ich genug Englisch, um mich

durchschlagen zu können. Während ich so Tag für Tag in der frommen katholischen Umgebung saß und außer Schreiben und Rechnen auch den Katechismus lernte, stellte ich mir die Frage: *Könnte ich vielleicht später Priester werden? Das würde mir sicher gefallen.*

Sonntags fungierte ich als Altardiener. Mein aufnahmefähiges kindliches Gemüt reagierte fasziniert auf die kirchlichen Traditionen, die Kerzen, die Statuen, die Prozessionen, Gesänge und feierlichen Gewänder.

Während meiner Zeit als Altardiener dachte ich oft an Mamacita. Ihre Form der Gottesverehrung war anders. Sie betete nie zu irgendwelchen Statuen. Anscheinend hatte sie für die ganzen Rituale und Zeremonien nicht viel übrig. Manchmal benutzte sie zwar ihren Rosenkranz, aber nie hatte ich sie die üblichen „Ave Marias" oder die Kreuzwegstationen aufsagen hören. Sie betete einfach für ihre Familie zum „Vater im Himmel". Der Gedanke fesselte mich, daß Mamacita und all die anderen religiösen Leute vielleicht etwas wußten, was ich nicht wußte. Vielleicht gab es wirklich jemanden im Himmel, der Gebete erhörte. Manchmal schaute ich das Kruzifix über dem Altar an und fühlte einen geheimnisvollen Zug in meinem Innern. Bildete ich mir nur etwas ein, oder war da wirklich eine Macht, die mich zog ..... aber wohin? Ich verstand das alles nicht.

Während dieser ersten glücklichen Monate in Amerika erhielt meine Mutter laufend Post von meinem Vater, die sie regelmäßig beantwortete. Wenn ich Vaters Handschrift auf einem Brief entdeckte, hatte ich jedesmal ein unangenehmes Gefühl in der Magengrube. Aber zum Glück war er ja weit weg. Was konnten ein paar Briefe schon für Unheil anrichten?

Eines Abends jedoch, nach einem besonders wohlschmekkenden Essen, das meine Tante zubereitet hatte, teilte Mutter mir in sachlichem Ton mit: „Vater wird sich nächsten Samstag mit uns in Tijuana treffen."

„Will er uns besuchen?" Ich hatte ihn lange nicht gesehen, und ein Besuch erschien mir nicht allzuschlimm.

„Nun ja –." Mutters Augen blickten für einen Augenblick traurig ins Leere. Dann gab sie sich einen Ruck. „Ja. Er kommt uns besuchen." Sie lächelte schwach, um sich ihre wahren Gefühle nicht anmerken zu lassen.

Da war etwas in ihrem Gesichtsausdruck, was mir einen Schauder über den Rücken jagte. *Irgend etwas stimmte nicht.* Ihr schmerzlicher Blick beunruhigte mich zutiefst. Sie konnte doch *Vater* nicht vermissen! Oder dachte sie etwa daran .....? Der Gedanke war zu schrecklich, um ihn zu Ende zu denken.

Als wir das erste Mal nach Tijuana fuhren, um uns mit Vater zu treffen, wehrte ich mich gegen seine ungeschickten Umarmungsversuche. Ich gab ihm zwar Antwort, wenn er mich etwas fragte, verhielt mich aber ansonsten kühl und distanziert. Es kam mir absurd vor, daß Mutter ihn überhaupt hatte wiedersehen wollen. Ich war zu jung, um zu verstehen, daß immer noch eine gewisse Anziehung zwischen meinen Eltern bestand.

Es dauerte nicht lange, bis wir uns an jedem Wochenende mit Vater trafen. „Ich *will* aber nicht mit!" schnauzte ich Mutter eines Morgens an, nachdem sie mir gerade eröffnet hatte, daß wir wieder die dreistündige Fahrt machen würden. „Ich *hasse* ihn!"

„*Das* solltest du aber schleunigst zu überwinden versuchen! Ich habe jetzt beinahe seine Einwanderungspapiere zusammen. Nächsten Monat zieht er hierher zu uns."

Heiße Tränen stiegen mir in die Augen. Am liebsten wäre ich fortgelaufen – irgendwohin. „Bist du *verrückt*? Wie kannst du mir so etwas antun! Er wird uns alle wieder verprügeln!"

„Raul, dein Vater hat mir *versprochen,* daß er nicht mehr trinken will. Er hat gesagt, daß jetzt alles anders wird. Und ich glaube, daß er es wirklich ernst meint!"

„Ach, wirklich? Hör zu! Er wird sich *niemals* ändern! Ich werde nie aufhören, ihn zu hassen –, und dich dazu, weil du mich zwingst, wieder mit ihm zusammenzuleben!"

Ich war nicht in der Lage, die Flut meiner Gefühle in Worte zu fassen oder auch nur selber zu verstehen, die nach dieser Unterhaltung über mich hereinbrachen. Wie sehr hatte ich die Ruhe und Beschaulichkeit unseres jetzigen Daseins genossen! Instinktiv wußte ich, daß der Friede, den wir in unserer neuen Heimat gefunden hatten, bald wieder verschwunden sein würde.

Vater kam im Frühjahr 1959 an und fand eine Anstellung bei der

„Bank of America", wo auch Mutter beschäftigt war. Sie arbeitete nachts in der Datenverarbeitung. Unsere Familie bezog die untere Etage des großen Hauses in der Third Street/Huntley Drive. In kurzer Zeit waren diese Räume unordentlich und schmutzig, denn Mutter schlief tagsüber, während Vater arbeitete. Niemand kümmerte sich um den Haushalt.

Doch weit schlimmer als die Unordnung waren die inneren Spannungen, die man verspürte, sobald man das Haus betrat. Vorbei war es mit dem Begrüßungslächeln meiner Oma, den Liebkosungen meiner Tante und dem freundschaftlichen Haarezausen von Opa Fernandez.

Vaters Versprechen, nicht mehr zu trinken, hielt nicht lange an. Schon nach wenigen Wochen kam er betrunken nach Hause, und er und Mutter stritten sich ebensohäufig wie früher in Mexiko-City. Auf meine haßerfüllten, trotzigen Worte reagierte Vater, indem er seine große Hand auf meinen dünnen, sehnigen Körper herabsausen ließ. Oft betete ich, daß mein Vater sterben und uns allein lassen möge.

Mein Haß auf Vater führte zu offener Feindschaft mit meiner Mutter. Ich verabscheute sie, weil sie es zugelassen hatte, daß Vater wieder zu uns gezogen war, und sie reagierte auf meine zornigen Ausbrüche, indem sie mir an den Kopf warf, wie dumm und blöd ich sei, und daß aus mir nie etwas Gescheites werden würde. Daß mein Bruder Xavier als Genie angesehen und ständig von Mutter gelobt wurde, machte die Sache nur noch schlimmer.

Eines Abends eröffnete uns Vater ganz unerwartet, daß er ein Haus für uns gefunden habe. „Ein Haus für uns allein", fügte er stolz hinzu.

„Wo denn?" fragte Mutter voller Interesse und blickte Vater erwartungsvoll an.

„Einer meiner Arbeitskollegen hat zugesagt, uns ein Haus in Montebello zu vermieten."

Innerhalb weniger Wochen gehörte die kleine Welt, die ich mir in Los Angeles aufgebaut hatte, der Vergangenheit an. Wir zogen in das neue Haus ein und lernten neue Leute kennen. Ich verließ die katholische Schule und trat in eine öffentliche Schule ein. Das Leben war unerträglicher als je zuvor. Eine unbekannte Umge-

bung, fern von meinen lieben Verwandten, aber voll von Gewalttätigkeit und ständigen Wutausbrüchen. Das Chaos wurde noch
größer, als sich Familienzuwachs einstellte . . . . meine Schwester
Chris. Mein kindlicher Geist war von brennendem Zorn erfüllt.
Das einzige, woran ich noch Freude hatte, war der Sport. Er wurde
mein Lebensinhalt. Ich spielte Baseball, nahm an Leichtathletik-
Wettkämpfen teil und maß mich mit meinen Freunden im Fußballspiel. Und wenn ich einmal nicht aktiv selber Sport betrieb, sah ich
mir dafür im Fernsehen irgendein Spiel an. Der schlechtesten
Mannschaft der Stadt zuzuschauen, war immer noch besser, als mit
meiner Familie reden zu müssen.

Meine früheren Träume im Hinblick auf den Priesterberuf
waren endgültig verschwunden. Ich ging zwar sonntags noch zur
Kirche, aber eigentlich nur aus dem Grund, um einen weiteren
Familienkrach zu vermeiden. Ich verstand einfach nicht, wie die
Priester zuerst die Messe zelebrieren und anschließend, nach dem
Gottesdienst, trinken und rauchen konnten. Sie schienen kein bißchen heiliger zu sein als alle anderen. Die kirchlichen Gottesdienste kamen mir vor wie bloße Rituale, ohne Sinn und Bedeutung. Wenn Gott wirklich existierte – und daran fing ich erstlich an
zu zweifeln –, warum erhörte Er dann meine Gebete nicht, die ich
wegen Vater zu Ihm emporschickte?

Nach vier turbulenten Jahren in Montebello zogen wir erneut um.
Meine Eltern hatten ein Haus in Baldwin Park gekauft. Jetzt, da ich
ins jugendliche Alter kam, waren meine Gefühle unbeständiger und
wechselhafter als je zuvor. Zwei Dinge erschienen mir jedoch erstre-
benswert: von meiner gewalttätigen Familie wegzulaufen oder
irgendwie dem Zorn, der in meinem Innern tobte, Ausdruck zu ver-
leihen. Die einzige Schwäche, die ich besaß, galt einem deutschen
Schäferhund, den ich geschenkt bekommen hatte, als er sechs Monate
alt war. Vater hatte nichts gegen den Hund einzuwenden, aber Mutter
konnte ihn nicht ausstehen und drohte immer wieder, ihn wegzu-
geben. Ich hatte ihm den Namen „Panther" gegeben, und jeden Nachmittag, wenn ich aus der Schule kam, brachte ich eine Stunde oder
länger damit zu, ihn abzurichten. Diese Zeit, die ich mit meinem
Hund verbrachte, war die einzige Gelegenheit, um dem nie endenden
Tumult zu Hause entrinnen zu können.

Das erste Jahr in der höheren Schule in Baldwin Park war von einer ständig wachsenden Zahl unangenehmer Zwischenfälle gekennzeichnet: Streitereien, Ärger in der Klasse und Schuleschwänzen. Schließlich, als ich fünfzehn Jahre alt war, kam ich zu dem Schluß, daß das Leben in Amerika keinen Sinn mehr für mich hatte. Durch Vaters Rückkehr waren alle meine Hoffnungen und Träume zerschlagen worden. Haß herrschte in meinem Herzen. Es gab nur einen einzigen Ort, an den ich flüchten konnte, an dem jemand mich liebhatte und ich Vater nicht mehr zu sehen brauchte. Dieser Gedanke war es, der mich davon abhielt, die Hoffnung gänzlich zu verlieren.

Ich mußte einfach den richtigen Augenblick abwarten. Dann wollte ich nach Mexiko-City zurückkehren und mich auf die Suche nach Mamacita machen. Aber auf jeden Fall würde ich allein gehen.

3

FLUCHT ÜBER DIE GRENZE

„Panther!" rief ich fröhlich, während ich auf unser Haus zurannte, froh, einen weiteren Schultag hinter mir zu haben. „Panther! Komm her!" Normalerweise kam mein Hund immer sofort aus dem Hof gesprungen, um mich zu begrüßen, aber heute ließ er sich überhaupt nicht blicken.

Ich stürzte ins Haus und warf mein Notizbuch auf den nächstbesten Stuhl. „Panther . . . . wo bist du?"

„Panther ist im Moment nicht da", schnauzte mich Mutter an, die gerade ins Zimmer kam.

Furcht wollte mich ergreifen. „Wo ist er?" fragte ich.

„Ach . . . . . er . . . . . er ist heute woanders. Du kannst ihn später wiedersehen."

„Mutter, wo ist Panther?" schrie ich, immer nervöser werdend. „Ist ihm etwas zugestoßen?"

„Nein, es geht ihm prima. Mach dir darüber keine Sorgen." Mit diesen Worten schickte sie sich an, das Zimmer zu verlassen, doch ich blieb ihr auf den Fersen.

„Aber, Mutter . . . . ."

Sonia kam von draußen herein. „Hast du es ihm schon gesagt?"

„Was soll sie gesagt haben? Was ist los?"

„Mutter hat Panther fortgegeben. Hat sie dir das nicht gesagt?"

„Das darf doch nicht wahr sein! Mutter! Das hast du doch ganz bestimmt nicht getan!" Ich war wie betäubt. Gewiß machten die beiden nur Spaß. Feindselig starrte ich meine Mutter an und fragte: „Ist es wahr, Mutter? Hast du das wirklich getan?"

„Dieser dumme Köter! Er macht nichts anderes als Dreck!" Ein feines Lächeln schien um ihre Mundwinkel zu spielen. Weidete sie sich etwa an meinem Schmerz? „Ich hätte ihn schon längst weggeben sollen!"

„Ich kann's nicht glauben!" schrie ich. „Ich *kann's* einfach nicht glauben! Mutter, du weißt, wie lieb ich Panther habe! Wie konntest du mir das antun?"

„Nun ist es einmal geschehen!"

„Aber . . . . ."

„Halt den Mund, Raul!"

Ich stürmte in mein Zimmer und knallte die Tür hinter mir zu. Meine Augen waren voll Tränen. Ich konnte einfach nicht begreifen, was geschehen war. In den letzten Monaten hatten sich die nie enden wollenden Streitereien zwischen Mutter und mir zum totalen Krieg ausgeweitet. Vaters Wutausbrüche waren unangenehme momentane Erlebnisse in unserem Familienalltag, aber Mutters Redensarten zerrten unausgesetzt an mir. Ständig diese Nörgelei und das dauernde Kritisieren! Vater trank und wurde jähzornig, und Mutter tat alles, um unser Verhältnis zu ihm zu unterminieren. Es kam mir vor, als wolle sie sich bei ihm einschmeicheln, indem sie immer etwas an uns Kindern auszusetzen fand. Und ich als der Streitlustigste von allen war natürlich ihre bevorzugte Zielscheibe.

Von meiner Sicht aus war es unmöglich, meine Eltern – auch unter den günstigsten Umständen – liebzuhaben. Doch die Begebenheit mit Panther übertraf in ihrer Grausamkeit alles bisher Dagewesene. Mutter wußte, wie sehr ich an Panther hing –, ganz genau wußte sie das! Soweit ich es beurteilen konnte, hatte sie kaltblütig geplant, mich zu verletzen. Und es war ihr gelungen!

Die Traurigkeit, die ich über den Verlust meines Hundes empfand, hielt jedoch nicht allzulange an. Während ich allein in meinem Zimmer saß und die Stunden verstrichen, wurde ich immer wütender. Das Leben war einfach unerträglich –, und das schon seit Jahren. Ich konnte und wollte nicht länger in diesen Verhältnissen weiterleben. Die Zeit war gekommen! In jener Nacht, während die ganze Familie schlief, schmiedete ich Pläne für die Zukunft.

Das Geklapper des Frühstücksgeschirrs am nächsten Morgen kündigte den Beginn eines neuen Schultages an. Ich starrte ausdruckslos auf meinen Teller mit Cornflakes und steckte automatisch einen Löffel nach dem anderen in den Mund. Mich beschäftigte nur der eine Gedanke, daß dieses meine letzte Mahlzeit in diesem elenden Haus war.

Als Sonia, Xavier und Chris sich auf den Weg zur Schule machten, schwang ich ebenfalls mein Bein über die Stange meines Fahrrads und schlug die Richtung meiner Schule, der „Baldwin Park High School", ein. Aber die Schule war nicht mein Ziel.

In grimmiger Entschlossenheit ließ ich den El Monte Boulevard und Rosemead hinter mir und steuerte auf die östliche Stadtgrenze von Los Angeles zu. Es war ein warmer, klarer Morgen. Nach und nach löste sich meine Spannung, während ich in gleichmäßigem Takt in die Pedale trat, um mein erstes Ziel zu erreichen.

Ich kam an den immer mehr verfallenden Gebäuden in der Innenstadt von Los Angeles vorbei, den Bierkellern und heruntergekommenen Kneipen. Das einzige, was mich bei ihrem Anblick interessierte, war der Gedanke, daß ich nur noch einige Straßenzüge vom Zentralbahnhof der Greyhound-Buslinie entfernt war. Von dort würde ich einen Bus nach San Ysidro nehmen, und dann waren es nur noch ein paar Schritte bis zur Grenze nach Mexiko.

Als ich auf dem belebten Busbahnhof ankam, versuchte ich, mit meinen Blicken die dichte Menschenmenge zu durchdringen und den Fahrkartenschalter ausfindig zu machen. Da war er ja, ganz in der Nähe des Eingangs! Ich stellte mein Rad möglichst dicht vor der Tür ab und hastete hinein.

„Wieviel kostet eine Fahrt nach San Ysidro?" Ich versuchte, ruhig zu sprechen und mir nichts von der Angst und dem Herzklopfen, die ich verspürte, anmerken zu lassen.

„Fünf Dollar, mein Junge." Der freundliche Mann warf mir einen neugierigen Blick zu.

„Danke", murmelte ich und eilte zur Tür hinaus. Ich begann,

mein Fahrrad auf dem Bürgersteig hin- und herzuschieben, wobei ich aufmerksam die Leute betrachtete, die an mir vorbeigingen. Einem augenblicklichen Impuls folgend, trat ich auf einen Mann zu, der einen wohlhabenden Eindruck machte, und sprach ihn an: „Entschuldigen Sie, mein Herr, möchten Sie vielleicht mein Fahrrad kaufen?" Vor Aufregung überschlug sich meine Stimme, was mich nur noch verlegener machte. „Fünf Dollar!" Der Mann schaute zuerst mich an, dann das Fahrrad. Es war ein fast neues Rad mit Zehngangschaltung, in tadellosem Zustand. „Fünf Dollar? Wirklich?" „Ja, fünf. Ich muß mit dem Bus weg!" Er zog einen glatten Fünf-Dollar-Schein aus seiner prall gefüllten Geldbörse. „Abgemacht, Junge!" Damit schob er mein Rad auf sein in der Nähe geparktes Auto zu, schloß den Kofferraum auf und lachte zufrieden in sich hinein. Ich eilte wieder in die Halle zum Fahrkartenschalter.

„Eine Fahrkarte nach San Ysidro, bitte", sagte ich ruhig und vermied es, den Mann direkt anzusehen. Ohne ein Wort der Erwiderung nahm er die Fünf-Dollar-Note und steckte sie in seine Registrierkasse. Ein leuchtendblauer Fahrschein glitt aus dem metallenen Zählwerk auf die Theke. Ich griff nach dem Schein, als sei er aus reinem Gold. Eine knappe Stunde später saß ich in einem verräucherten Bus, auf dem Weg nach Süden über die San Diego-Autobahn.

Als ich gerade anfing, die Fahrt zu genießen, mußten wir schon wieder aussteigen. Die mexikanische Grenze war nur wenige Schritte entfernt. Ich schloß mich einer Mutter mit ihren beiden Kindern an und gelangte unbehelligt über die Grenze nach Tijuana. Wahrscheinlich hielten mich die Grenzbeamten für ein weiteres Familienmitglied.

Das erste Stück war geschafft! Nun stand ich vor der weitaus schwierigeren Frage: Wie sollte ich von Tijuana nach Mexiko-City kommen? Einen Augenblick lang wünschte ich, ich hätte versucht, mein Fahrrad für zehn Dollar zu verkaufen. Aber es blieb mir keine Zeit, mich über meine leeren Taschen zu grämen. Meine Blicke hatten den Three-Star-Busbahnhof erspäht. „Welcher Bus fährt nach Mexiko-City?" fragte ich einen Mann, der offensichtlich viel zu tun hatte. Er wies auf ein wackelig aussehendes Gefährt auf der gegenüberliegenden Straßenseite. Ich rannte darauf zu und packte den Fahrer am Arm.

„Sie müssen mir helfen!"

Er starrte mich mit zusammengezogenen Brauen an. „Wovon redest du?"

„Ich muß unbedingt nach Mexiko-City. Ich bin von meinem Vater weggelaufen. Er haßt mich, und ich muß dringend zu meiner Großmutter kommen, ehe er mich findet. So schnell wie möglich!"

Der Fahrer zögerte. Er wollte schon den Kopf schütteln, als sein Blick auf den riesigen Berg von Gepäckstücken fiel, die er in Kürze in seinen Bus laden mußte. „Also .... na gut! Wenn du das Gepäck einlädst, nehme ich dich mit."

Ein freudiges Lächeln erhellte mein Gesicht. Echte Dankbarkeit wallte in meinem Innern auf. „Danke, mein Herr! Vielen Dank!"

Nachdem ich in aller Eile das Gepäck im geräumigen Bauch des Busses verstaut hatte, suchte ich mir einen Platz direkt hinter dem Fahrer. Gemeinsam beobachteten wir die Straße vor uns, während er sein Fahrzeug vorsichtig, aber geschickt durch den dichten Verkehr der Stadt lenkte, bis er schließlich die Landstraße erreichte. „Ich heiße Jorge", sagte er dann, „und wie heißt du?"

„Raul. Raul Ries. Wissen Sie, ich bin Ihnen wirklich dankbar für Ihre Hilfe!"

„Was ich hier mache, ist gegen jede Vorschrift", sagte er streng, aber ich bemerkte den Anflug eines Lächelns auf seinem Gesicht, während er mir einen Blick durch den Rückspiegel zuwarf. „Du wohnst doch nicht in Tijuana, oder?"

„Nein. Ich habe in Los Angeles gewohnt. Aber ich will nie wieder zurück!"

Behutsam begann er, mir Fragen über meinen Vater, über meine Familie und über den Grund meines Weglaufens zu stellen. Ich berichtete von meinen vielen Frustrationen, und während die Stunden vergingen und wir Kilometer um Kilometer zurücklegten, wurden meine Erzählungen immer ausführlicher – und immer übertriebener. Nach einer Weile war aus meinem alkoholabhängigen Vater ein total verrückter Mensch geworden, der mich jeden

Tag mit einem Holzbrett verprügelt hatte. Trotz meiner Übertreibungen schien der Fahrer mir zu glauben.

Dann fing er an, sich nach meiner Großmutter zu erkundigen: „Bei wem wirst du denn nun in Zukunft wohnen? Bei der Mutter deines Vaters oder . . . . . " Er konnte den Satz nicht mehr beenden. Ein halbwildes Pferd, das am Straßenrand gegrast hatte, lief ganz plötzlich auf die Fahrbahn.

Jorge wollte ausweichen, aber es war bereits zu spät. Es gab einen lauten Schlag, während unser Bus mit kreischenden Bremsen wild zu schlingern begann und sich fast überschlug. Die Passagiere schrien vor Schreck. Endlich gelang es dem Fahrer anzuhalten, und jeder beeilte sich, so schnell wie möglich nach draußen zu kommen, weil jederzeit Feuer ausbrechen konnte.

Das verunglückte Pferd lag tot am Straßenrand. Unser Bus hatte ebenfalls tödliche Verletzungen davongetragen. Seine ohnehin schwache Maschine war durch den Aufprall total beschädigt worden.

An diesem Punkt erwies sich Jorge, der Fahrer, als mein Beschützer und Helfer. Er sorgte dafür, daß ich in Guadalajara, der nächstgelegenen Stadt, mit in seinem Hotelzimmer schlafen konnte, während wir darauf warteten, daß die Busgesellschaft ein anderes Fahrzeug schickte. In den folgenden Tagen erkundeten wir gemeinsam die Stadt. Jorge bezahlte für mich das Essen. Abends suchte er sich irgendwelche weibliche Gesellschaft und ließ mich im Hotelzimmer allein, während er seinen Vergnügungen nachging.

Endlich, nach drei Tagen, kam der Ersatzbus, und wir konnten unsere Reise nach Mexiko-City fortsetzen. Dort angekommen, drückte mir Jorge Geld in die Hand, setzte mich in ein Taxi und gab dem Fahrer genaue Instruktionen.

Kurz darauf schritt ich voller Zuversicht die Einfahrt zu Mamacitas Haus hinauf. Ich drückte auf die Klingel und versteckte mich aus lauter Übermut hinter einer Hecke. Als sie die Tür öffnete, sprang ich mit dem Ruf: „Überraschung!" auf sie zu.

Mamacita war tatsächlich überrascht! Ich war seit beinahe einer Woche als vermißt gemeldet. Meine Eltern hatten sie deswegen angerufen, und sie hatte sich, wie alle anderen Familienmitglieder auch, ernstlich Sorgen um mich gemacht.

„Ich möchte hier bei dir bleiben!" platzte ich heraus. Meine Worte überstürzten sich, und ich achtete nicht im geringsten darauf, mich vornehm auszudrücken. „Ich *hasse* meine Eltern!" stieß ich hervor. „Ich bin es leid, in Amerika zu wohnen. Ich möchte hierbleiben und nie wieder dorthin zurückkehren!" Mamacita gab mir etwas zu essen, hörte mir geduldig zu und versuchte, mich zu beruhigen. Sie erzählte mir, daß ihr Mann gestorben sei, als mein Vater noch ein kleiner Junge war. „Dein Vater mußte schon früh Verantwortung tragen", sagte sie. „Er mußte mithelfen, die Familie zu versorgen."

„Aber warum betrinkt er sich immer so furchtbar?" wollte ich wissen.

„Ich weiß, daß er das tut, Raul. Er hat schon als Junge angefangen zu trinken. Damit versucht er, für eine Weile seinen Problemen zu entrinnen. Aber trotzdem hat er dich lieb, Raul ...."

„Wenn er mich liebhat, warum schlägt er mich dann? Immer bin ich an allem schuld! Und Mutter macht mich ständig schlecht!"

„Raul, das verstehst du nicht richtig. Deine Eltern geben sich alle Mühe. Aber sie haben beide ihre Probleme."

„Das ist mir egal! Ich will nichts mehr von ihnen wissen, und ich gehe auf keinen Fall zurück! Ich bleibe hier bei dir!"

„Das geht aber nicht. Du mußt wieder zu deinen Eltern zurückkehren und versuchen, sie liebzuhaben."

„Ich werde sie niemals liebhaben!"

„Hör zu, Raul, ich möchte, daß du sie anrufst und ihnen sagst, wo du bist. Sie werden erleichtert sein, wenn sie wissen, daß du gesund und wohlauf bist."

Ich wartete noch einige Tage, bevor ich anrief, und war erstaunt, wie ruhig Vater die Sache aufnahm. Er wollte so bald wie möglich nach Mexiko-City kommen, um mit mir zu reden und mich wieder mit nach Hause zu nehmen. „Gib dir keine Mühe!" erwiderte ich. „Ich will dich nie mehr wiedersehen."

Eine ganze Woche lang genoß ich den Frieden, der in Mamacitas Heim herrschte. Ich hatte gar nicht mehr gewußt, wie geruhsam das Leben sein konnte. In ihrer liebevollen Art versuchte sie mir klarzumachen, wie gut Gott war und daß Seine Hand auf meinem Leben lag. Ich hörte zu und hätte wirklich gern geglaubt, daß das, was sie sagte, wahr war. Aber wenn ich über mein bisheriges Leben und auch über das Schwere, das Großmutter durchgemacht hatte, nachdachte, war ich verwirrt und voller Zweifel. Es konnte doch nicht sein, daß Gott, wenn Er uns wirklich liebhatte, uns dermaßen leiden ließ –, so dachte ich.

Schließlich traf Vater in Mexiko-City ein. Ich begrüßte ihn kühl und in der Erwartung, eine Kanonade von Drohungen und Schimpfworten anhören zu müssen. Aber diesmal konnte ich nur über ihn staunen. Er sprach vernünftig mit mir und versuchte, mich durch seine Versprechungen umzustimmen.

„Deiner Mutter tut die Sache mit Panther leid, Raul. Ich habe mit ihr darüber gesprochen. Sie hat versprochen, daß sie dich nicht mehr runterputzen will. Du sollst nur wieder nach Hause kommen."

„Ich hasse sie, Vater! Ich will nicht mehr zurück!"

„Raul, versuche doch, uns zu verstehen! Deine Mutter hat ihre Probleme. Wir alle haben Probleme."

„Ich gehe nicht zurück!"

„Du mußt aber mit zurückkommen!"

„Nein! Ich bleibe hier!"

Als Vater nicht mehr weiterkam, versuchte es meine Großmutter noch einmal. „Du mußt wieder nach Hause gehen, Raul. Du kannst nicht bei mir bleiben. Versuche, deinen Eltern zu vergeben und sie zu verstehen. Sie haben dich wirklich von Herzen lieb."

„Wenn wir nach Hause kommen", versprach Vater, „wird alles anders." Wie gern hätte ich ihm geglaubt; es blieb mir ja auch gar nichts anderes übrig. Als wir uns aber am nächsten Tag auf den Weg zum Busbahnhof machen wollten, wußte ich bereits, daß sich nicht das geringste ändern würde. Vater forderte mich auf, unser Gepäck zum Taxi zu tragen, worauf ich erwiderte, er solle es gefälligst selber tragen. Damit begann der Kampf, wer von uns beiden den stärkeren Willen besaß. Auf der ganzen, langen, dreitägigen Fahrt nach Tijuana stritten wir uns ununterbrochen. Vater konnte sagen, was er wollte –, ich war dagegen. Wenn er irgend etwas von mir verlangte, rebellierte ich, wohl wissend, daß er mich bei den vielen Leuten, die mit im Bus saßen, nicht verprügeln konnte.

Während der Nacht starrte ich aus dem Busfenster auf den klaren Sternenhimmel und dachte an den kurzen Augenblick der Freiheit, den ich genossen hatte. Ich wußte, daß sich zu Hause überhaupt nichts ändern würde, und überlegte immer wieder krampfhaft, wie ich von meiner Familie fortkommen könnte. Ich wollte auch nicht nur vorübergehend zu Mamacita ziehen. Nein, ich konnte es kaum erwarten, bis ich achtzehn Jahre alt war, damit ich mein Elternhaus endgültig verlassen konnte. Vielleicht ließ es sich sogar schon vor der Zeit einrichten? „Gott", betete ich, „hilf mir, daß ich von zu Hause wegkomme!" Wieder und wieder betete ich die gleichen Worte. Doch je näher wir der Grenze kamen, desto mehr verstärkte sich der Eindruck, daß mein Beten umsonst war. Gott kümmerte sich nicht im geringsten um meine Probleme. Wenn ich wirklich weglaufen wollte, mußte ich schon selber einen Weg finden. Notfalls würde ich sogar dafür kämpfen!

4

KÄMPFERISCHE JUGENDJAHRE

Ich schlüpfte in meine Jeans, zog ein blaues T-Shirt über den Kopf und griff nach meiner unvermeidlichen schwarzen Lederjacke. Einer meiner Sportkameraden brüllte: „He, Raul, wo warst du eigentlich letzte Woche?"

„Ich hatte geschäftlich zu tun", erwiderte ich mit einem verschmitzten Lächeln und einer schwungvollen Handbewegung. „Du weißt schon!" Einige der Jungen im Umkleideraum lachten über die für mich typische Bemerkung. In Wirklichkeit war ich wieder einmal vom Unterricht suspendiert gewesen. Ich wußte schon gar nicht mehr, wie oft das in den letzten drei Jahren passiert war.

Gemächlich schlenderte ich zum Spiegel hinüber, um mich zu kämmen, mußte aber feststellen, daß einer der größeren Burschen ihn in Beschlag hielt. Seelenruhig stand er davor, nur darauf bedacht, daß auch ja jedes Haar an die richtige Stelle zu liegen kam. Nachdem ich mehrmals zwischen seinen Armen hindurchgelugt hatte, um ihm zu zeigen, daß ich wartete, sagte ich schließlich: „Du, das wird sowieso nicht besser!"

Der Bursche, einer von den Linienrichtern der J.V.-Fußballmannschaft, drehte sich langsam nach mir um. „Irgendwelche Probleme, he?"

„Ja, dich! Du stehst mir im Weg!"

Ich machte mich steif, als er mich an den Revers meiner Jacke packte. „Da kannst du noch lange warten, Kumpel, ich hab keine Eile!"

Sofort wurde es im Umkleideraum mucksmäuschenstill, denn ich hatte mir bereits einen Namen als Unruhestifter und Straßenkämpfer gemacht. Einen Augenblick lang starrte ich ihn an, um dann mit einem schnellen Schlag meiner Unterarme seine Hände von meiner Jacke zu lösen. Zielsicher sprang ich ihm an die Gurgel, drängte ihn in eine Ecke und ließ einen Hagel von Schlägen auf sein Gesicht herniederprasseln, bis er schließlich zu Boden sackte.

Mein Freund Tom zog mich hastig fort, ehe ich noch mehr Unheil anrichten konnte. „Dem hab ich's aber gezeigt!" bemerkte ich stolz, während wir zusammen nach draußen gingen. Tom lachte. Er war mein bester Kamerad und mein ständiger Begleiter bei allen Abenteuern.

Nachdem ich von Mexiko zurückgekehrt war, hatte ich mich wohl tausendmal gefragt, warum ich auf Vaters und Mamacitas Reden gehört hatte. Wie vorhergesehen, war das Leben zu Hause nicht besser geworden. Die Hoffnungslosigkeit quälte mich ununterbrochen. Da meine Bemühungen, von meinen Eltern wegzukommen, fürs erste zunichte gemacht waren, konzentrierte ich mich auf eine andere Möglichkeit, dem aufgestauten Zorn, den ich an meiner Familie nicht auslassen konnte, Luft zu machen. Von Woche zu Woche ließ ich mich in immer mehr Auseinandersetzungen und Faustkämpfe ein und suchte nach immer neuen Gelegenheiten, meine Wut abzureagieren. Der Haß, den ich zu Hause nie völlig entfalten konnte, richtete sich nun auf Fremde –, meistens junge Männer, die „es ja so haben wollten". Gewöhnlich bekamen sie weit mehr von meinem Zorn zu spüren, als ihnen lieb war.

Auf dem Campus der Baldwin Park High School hatte ich mir durch meinen Humor und mein fröhliches Lächeln viele Freunde, Popularität und auch jede Menge Beachtung von seiten der weiblichen Schülerschaft erworben. Wenn auch genügend Gerüchte über mich kursierten, so kannten doch nur meine engsten

Freunde, wie z.B. Tom, beide Seiten meiner Persönlichkeit. Auch die Tatsache, daß ich nie mit irgendwelchen Verletzungen in der Schule erschien, ließ mich wahrscheinlich als einen mehr oder weniger anständigen Menschen erscheinen. Selbstbewußt ging ich auf meinen Spind zu. Ich hatte es wieder einmal bewiesen, wie stark ich war.

Toms Freundin Barbara hatte ihren Spind neben dem meinen. Als wir näher kamen, fiel mir wieder das hübsche Mädchen aus der Oberklasse auf, das den Schrank mit Barbara teilte. Wir hatten uns ein paarmal in den Pausen gesehen und gegenseitig ein wenig gefoppt, und ich hatte eine Gelassenheit in ihrem Wesen bemerkt, die mich unwiderstehlich anzog. Zwar besaß ich eine Freundin in der Oberschule in Edgewood, aber diese lebhafte, kleine Rothaarige zog immer wieder meine Aufmerksamkeit auf sich.

„He, Tom! Das Mädchen dort drüben –, wie heißt es?"

„Die Blonde?"

„Nein, die Rothaarige, die mit Barbara den Schrank teilt. Weißt du, wie sie heißt?"

„Ach, die, das ist Sharon. Aber sie hat bereits einen Freund, Mann."

„Das interessiert mich doch gar nicht. Ich wollte nur wissen, wie sie heißt, das ist alles!"

Sharon, dachte ich bei mir selbst. Irgend etwas war an ihr, was mich reizte. Ich wollte sie gern näher kennenlernen. *Ein hübscher Name. Ich muß ihn mir unbedingt merken, wenn ich das nächste Mal mit ihr spreche. Sharon. Sie scheint ein nettes Mädchen zu sein.*

Mitten in der nächsten Unterrichtsstunde wurde ich ins Büro des Schulleiters gerufen. Der Bursche, den ich zusammengeschlagen hatte, und auch der Sportlehrer hatten sich über mich beschwert. „Das war aber nicht meine Schuld", erklärte ich dem Direktor, Herrn Gilbert.

„Es ist nie deine Schuld!" Der Direktor gab sich alle Mühe, seine Stimme im Zaum zu halten und nicht loszuschreien, als ich vor ihm stand. „Immer wieder bist du in Schlägereien verwickelt, und nie hast du schuld! Immer ist ein anderer der Schuldige! Erwartest du etwa, daß ich dir das glaube?"

„Nein."

„Du bist eine Gefahr für die gesamte Schülerschaft! Jedesmal, wenn ich über den Schulhof gehe, kommt jemand zu mir und beschwert sich über dich, weil du ihm entweder die Nase kaputtgehauen oder das Gesicht zerschlagen hast. Ich muß meine Schüler vor Kerlen wie dir schützen! Du bis eine Gefahr für die Gesellschaft!"

Herr Gilbert setzte sich wieder an seinen Schreibtisch, machte sich eine kurze Notiz auf seinem Block und teilte mir dann schroff mit: „Du bist für zwei Tage vom Unterricht suspendiert."

Das war schon das zweite Mal, daß mir das in meinem letzten Schuljahr passierte. Doch als ich hinausging und die kühle Nebelluft einatmete, die typisch ist für die Herbstmorgen im San-Gabriel-Tal, lachte ich nur und überlegte, was ich wohl in meinem „Kurzurlaub" anstellen könnte.

Die Tage waren ausgefüllt mit meinem neuen Hobby, Kung Fu. Meine Vorliebe für Sport, besonders aber das Baseballspiel, hatte während meiner ganzen Schulzeit angehalten. Insgeheim träumte ich davon, in der Oberliga-Mannschaft zu spielen. Aber auch an Schlägereien fand ich Gefallen. Der Manager des Supermarktes, in dem ich jenen Sommer über arbeitete, hatte mir den Vorschlag gemacht, wir sollten uns gemeinsam im Kung Fu-Sport ausbilden lassen. Das sei die höchste Sportdisziplin, die es überhaupt gebe, weil sie alle kämpferischen Geschicklichkeiten in sich vereine. Der Kung Fu-Kenner könne seine Hände, Füße und andere Dinge als Waffen gebrauchen und somit zu einer vollendeten Kampfmaschine werden.

Die Abende verbrachte ich zusammen mit Tom und meinen anderen Kameraden im „Hessen-Klub". Wir waren ein Auto-Fanklub, von der örtlichen Polizei gefördert, der unsere bevorzugte Imbißbude mit einigen ihrer treuesten Kunden versorgte. Jeden Freitag- und Samstagabend versammelten wir uns dort, um zu essen – und auf irgendeine Schlägerei zu warten. Wenn sie sich nicht von selbst ergab, suchten wir sie eben vom Zaun zu brechen. Es gab genug Parties, die man platzen lassen konnte und die dann meistens zum Schauplatz gewalttätiger Auseinandersetzungen wurden. Sobald Raul Ries sich auf einer Party blicken ließ, wußte jeder, daß das Fest in Kürze mit einer Schlägerei enden wurde. Wir

„Hessen" fanden das immer sehr spaßig. Mit ein bißchen Alkohol und einigen wohlgezielten Fausthieben war für uns jeder Abend ein Erfolg.

An diesem speziellen Wochenende fand die Schlägerei vor unserer Imbißbude statt. Am Samstag abend kam ein Wagen voll mit mexikanischen „cholos" (besonders auffällig-modern gekleidete Jugendliche in den sechziger Jahren) angefahren. Wir „Hessen" waren volkstümliche, „coole" Burschen, die auf die mexikanischen „Schmierer" mit Verachtung herabsahen. Mit verschränkten Armen standen wir da, und unsere geistreichen Bemerkungen ließen unsere Einstellung nur zu deutlich erkennen. Einer der Mexikaner war ein riesiger, dicker Kerl, ein echtes Schwergewicht. Ihm gefiel anscheinend weder mein Aussehen noch mein Reden, und er wußte vermutlich auch nichts von meinem Ruf. Angriffslustig kam er näher, starrte mich mit wild funkelnden Augen an und trat provozierend gegen meinen Wagen. Augenblicklich packte mich der Zorn. Drohend trat ich auf ihn zu und schrie: „Was soll das heißen, du Blödmann?"

Seine Erwiderung war ein Haken mit der Rechten. Darauf hatte ich nur gewartet. Wie ein entfesselter Tornado sprang ich auf den ahnungslosen Angreifer zu; meine Hände und Füße flogen nur so. Meine Absicht war nicht, ihn lediglich zu warnen oder zu stoppen; ich wollte ihn verletzen – und zwar schwer. Natürlich blieben wir beide nicht die einzigen, die in den Kampf verwickelt waren. Vielmehr verursachte unser Zweikampf eine regelrechte Keilerei zwischen meinen Freunden vom Autoklub und den anderen Mexikanern.

Ich wurde bei solchen Anlässen selten verletzt, denn ich war so jähzornig, daß mir keiner zu nahe kommen konnte. Wie gewöhnlich, so verlor ich auch diesmal alle Selbstbeherrschung, und es dauerte nicht lange, bis der Dicke, der mich herausgefordert hatte, flach auf dem Straßenpflaster lag. Das war für mich aber keinesfalls das Zeichen zum Aufhören. Wiederholt trat ich auf ihn ein, bis ich sah, daß Blut aus seinem Körper heraussickerte.

„Raul! Bist du wahnsinnig?" Tom versuchte, mich von meinem Opfer wegzuziehen. „Das reicht .... sonst machst du ihn noch tot!" Doch in meinem irren Zustand trat ich blindlings weiter auf den am Boden Liegenden ein –, gegen den Kopf, in die Leiste, in die Seite. Das Stöhnen des Dicken verschaffte mir eine innere Befriedigung. Mit Vergnügen stellte ich fest, wie er blutete. Doch nun trat Tom mit Entschiedenheit dazwischen. „Komm jetzt endlich, Mann! Die „Bullen" können jeden Augenblick hier sein. Laß uns abhauen!" Zwei andere „Hessen" halfen Tom, mich wegzuziehen. Der gefallene Riese lag keuchend zu unseren Füßen. Die meisten seiner Kameraden hatten sich bereits verzogen, als sie sahen, wie jähzornig ich war. Schnell sprangen wir in unsere Autos, um das Weite zu suchen, aber es war bereits zu spät. Zwei Streifenwagen mit rot-blauen Blinklichtern stoppten uns kaltblütig.

„Ries! Was ist jetzt wieder passiert?" wollte der diensthabende Beamte wissen. Zwar kannten mich die Polizisten und konnten mich eigentlich auch ganz gut leiden, aber trotzdem waren sie oft „sauer" über die vielen Klagen, die wegen meiner Schlägereien bei ihnen eingingen.

„Diese Kerle waren ganz plötzlich da!" erklärte ich. „Sie haben die ganze Sache vom Zaun gebrochen. Schade, daß Sie nicht dabei waren! Sie fingen an, uns anzupöbeln, gegen unsere Autos zu treten und sogar handgreiflich zu werden. Wir haben uns lediglich verteidigt."

Mein offenes Lächeln schien den erschöpften Polizeibeamten davon zu überzeugen, daß zumindest etwas Wahres an meinem Bericht sein mußte. „Okay, mach, daß du fortkommst!" befahl er mir. „Und halte dich in Zukunft aus solchen Streitereien heraus, verstanden?"

„Jawohl, Sir!" heuchelte ich mit einem entwaffnenden Lächeln. Nicht nur, daß ich mir den Weg aus so ziemlich jeder Notlage mit meinen Fäusten freizukämpfen verstand; ebensogut konnte ich mich auch aus allen Schwierigkeiten herauslügen. Meine glatte Zunge hatte mich schon so oft vor dem Gefängnis bewahrt, daß meine Freunde sich bereits einen Scherz daraus machten.

Am Montag morgen ging ich wieder zur Schule. Wie gewöhnlich hatte ich Verspätung. Als ich gerade hastig um eine Ecke biegen wollte, um noch rechtzeitig vor Unterrichtsbeginn in der Klasse zu sein, prallte ich mit Sharon zusammen. „Oh, Verzeihung! Habe ich dir weh getan?"

„Ach, hallo, Raul!" War es nur Einbildung, oder hatten Sharons Augen wirklich aufgeleuchtet, als sie mich erkannte? Schnell fragte sie: „Wie war das Wochenende? Was hast du gemacht?" Die unschuldige Frage wurde von ihrem hübschen Lächeln umrahmt. „Ich?" Meine Gedanken überschlugen sich. Auf keinen Fall wollte ich dieser potentiellen Verehrerin erzählen, was ich tatsächlich an den Wochenenden machte. „Ich war auf einer Party, zusammen mit ein paar Freunden. Du weißt schon." Es hatte bereits zum ersten Mal geläutet, so blieb mir keine Zeit, weiter mit ihr zu plaudern. „He – ich muß mich beeilen. Bis bald!"

„Tschüs, Raul. Bis bald!"

Etwas außer Atem, ließ ich mich auf meinen Platz fallen. Während der Lehrer anfing, mit eintöniger Stimme seinen Lehrstoff herunterzuleiern, ließ ich in Gedanken nochmals die Ereignisse des vergangenen Wochenendes an mir vorüberziehen. *Frauen verstehen nichts vom Kämpfen,* dachte ich. *Sie mögen zwar starke, mutige Burschen, aber die Kämpfe, die diese Helden produzieren, mögen sie nicht.*

Um die Wahrheit zu sagen, fühlte ich mich nicht im geringsten schuldig, noch bereute ich es, einem anderen Schmerz zugefügt zu haben. Wenn ich in Schlägereien verwickelt war, fühlte ich mich immer bestens, und hinterher kam ich mir vor wie ein großartiger Sieger. Kämpfen war für mich das ideale Überdruckventil, um meinen Haß und die ganze Bitterkeit abzureagieren. Meistens kannte ich die Jungen, die ich zusammenschlug, überhaupt nicht. Was mich betraf, so waren sie lediglich „Statisten".

Auch aus einem anderen Grund wollte ich den Mädchen nicht verraten, was auf unseren Wochenendeskapaden wirklich vor sich ging: andere Frauen spielten dabei eine Rolle. Es handelte sich um leichtlebige „Eintagsfliegen", denen es nichts ausmachte, sich einen Abend lang mit uns zu vergnügen und dann nie mehr etwas von uns zu hören. Solche Ansichten hätten die meisten Mädchen aus unserer Bekanntschaft wohl niemals akzeptiert.

Ich hatte, wie erwähnt, bereits eine Freundin. Sie hieß Terri und besuchte die Oberschule in Egdewood. Wir gingen aber nur gelegentlich zusammen aus, denn regelmäßige Treffen mit ihr hätten sich störend auf meine Aktivitäten vom Wochenende ausgewirkt.

Terri war eigentlich ganz in Ordnung. Aber Sharon . . . . . sie war eine völlig andere Art von Mädchen. Um ehrlich zu sein, kam sie mir immer attraktiver vor.

In der Mittagspause kam Sharon schüchtern auf mich zu. „Raul?" Sie ließ ihr hübsches Lächeln sehen, und ich war ganz Ohr. „Ich muß dich etwas fragen."

„Klar! Frag mich *irgendwas!*" Ich breitete meine Hände in einer allumfassenden Gebärde gespielter Großzügigkeit aus, und sie mußte lachen.

„Ich weiß nicht, ob du es schon gehört hast . . . . . " Ihre Stimme, eben noch schüchtern, wurde ein klein wenig zuversichtlicher. „. . . . . man hat mich als eine der Kandidatinnen zum Schönheitswettbewerb der Schule gewählt."

„Oh, toll! Herzlichen Glückwunsch! Du wirst bestimmt die Reizendste von allen sein!"

Sharon errötete leicht über mein Kompliment und fuhr fort: „Ich bin mit einem Jungen befreundet, der die Schule bereits hinter sich hat. Ich kann ihn nicht zum Ball mitnehmen, weil ich mit jemandem von hier hingehen muß."

„Ach so, wirklich?"

„Darum habe ich gedacht, ob . . . . ob du mich vielleicht begleiten würdest?"

„Im Ernst?" Ich war stolz und glücklich über diese unvorhergesehene Gelegenheit. „Natürlich gehe ich gern mit dir dorthin. Wann ist es denn?"

„Freitag abend in einer Woche. Nach dem Fußballspiel."

„Vielen Dank für die Einladung, Sharon. Ich freue mich darauf!"

Nachdem wir alles Weitere arrangiert hatten, trennten wir uns, um wieder in unsere Klassen zu gehen. Ich verspürte ein ganz neues Gefühl von Wichtigkeit, als Begleiter einer Schönheitskandidatin ausersehen zu sein. Zwar würde ich dafür auf meine Freitagabend-Zechtour verzichten müssen, aber das war es gewiß wert.

Nur ein Umstand machte mich bei der ganzen Sache etwas nervös. Tom hatte mir erzählt, daß Sharons Eltern so etwas wie Missionare seien. Sie nannten sich „Christen". Mit frommen

Katholiken kannte ich mich aus, aber bei religiösen Protestanten war ich mir nicht so sicher.

Als der große Abend kam, befand ich mich in bester Verfassung. Sharons Mutter machte mir auf mein Klingeln die Tür auf und begrüßte mich freundlich: „Hallo! Du mußt Raul sein! Wie schön, dich kennenzulernen! Komm doch bitte herein!" Sharons Vater begrüßte mich mit einem warmen Händedruck. Ich war erstaunt über ihre Freundlichkeit. War sie echt? Ich war mir nicht ganz sicher, was von mir erwartet wurde, und konnte das Spielchen deshalb nicht so gut mitmachen.

Daher war ich direkt erleichtert, als Sharon auftauchte und wir uns verabschieden konnten. Sie sah ausgesprochen gut aus in ihrem einfach geschnittenen pfirsichfarbenen Kleid, und ihre besondere Haartracht paßte vorzüglich zu ihrem hübschen Gesicht. „Einen schönen Abend, ihr beiden!" sagte ihre Mutter. „Sicher seid ihr gegen 12 Uhr zurück!"

Wir sahen uns zuerst das Fußballspiel an, und ich schaute zu, als die Kandidatinnen nach der Halbzeit rings um das Stadion gefahren wurden. Anschließend nahmen wir am Festbankett teil. Sharon war tatsächlich anders als die anderen Mädchen, mit denen ich bis jetzt ausgegangen war. Sie war zurückhaltend und warf sich einem Jungen nicht ohne weiteres an den Hals. Dennoch hatte ich den Eindruck, als ob sie wirklich an mir interessiert sei. Mein Interesse an ihr stand sowieso außer Zweifel. Ich sprach also nur über solche Dinge mit ihr, die sie meiner Meinung nach ruhig hören konnte.

Als ich Sharon nach dem Fest zu Hause abgeliefert hatte und auf dem Heimweg war, mußte ich immer wieder über sie nachdenken. Sie hatte etwas, wonach ich mich sehnte, aber was? War es ihr Zuhause? Ihr Lächeln? Ihre Art, eine Unterhaltung zu führen? Was immer es war, es reizte mich, sie näher kennenzulernen.

Ganz plötzlich hatte ich Mamacitas Bild vor Augen, und genau so plötzlich war es wieder verschwunden. *Bloßer Zufall,* dachte ich. *Sharon und Mamacita haben bestimmt nichts gemeinsam.*

Auf dem Weg nach Hause kam ich an unserer Imbißbude vorbei. Dort war absolut nichts los. Leicht enttäuscht, bog ich in unsere Straße ein und parkte vor unserem Haus. Was war das doch für ein ungewöhnlicher Freitagabend gewesen! Überrascht stellte ich fest, daß die Wut, die mich gewöhnlich beherrschte, zur Ruhe gekommen zu sein schien. Eigentlich vermißte ich den Wochenendrummel überhaupt nicht. Einen Augenblick lang blieb ich noch im Auto sitzen, dann stieg ich aus und betrat das dunkle Haus. *Ich muß unbedingt einmal wieder mit Sharon ausgehen,* dachte ich.

5

DAS SYSTEM
ÜBERLISTET

Sharon und ich fingen nicht unmittelbar nach diesem denkwürdigen Schulfest an, zusammen auszugehen. Aber dadurch, daß unsere Spinde im Umkleideraum nebeneinander lagen, sahen wir uns häufig und konnten immer wieder ein paar freundliche Worte oder auch Neckereien austauschen. Es war klar, daß die Art und Weise, wie ich meine Abende verbrachte, nicht zu ihrem familiären Hintergrund paßte, darum drängte ich auch nicht unbedingt auf eine feste Freundschaft. Trotzdem ertappte ich mich immer häufiger dabei, daß ich mich in Gedanken mit ihr beschäftigte.

Doch auch das Baseballspiel nahm einen wichtigen Platz in meinen Gedanken ein. Ich war begeisterter Spieler in der Schulmannschaft der Baldwin Park High School und von dem Gedanken fasziniert, später vielleicht sogar einmal ein Profi zu werden. Dieser Traum wurde jedoch jäh zerstört, als der Trainer meinen Freund Ed und mich wegen unserer Raufereien aus der Mannschaft ausschloß. Wir flehten ihn an, uns doch wieder aufzunehmen, aber er war die ständigen unliebsamen Zwischenfälle, die wir verursachten, ein für allemal leid. Für mich war es dagegen unvorstellbar, daß der Trainer wegen einer kleinen Keilerei meine ganze zukünftige Karriere zunichte machen konnte. Mein Zorn wurde dadurch nur um so größer, und das wiederum äußerte sich in noch mehr Schlägereien.

Einige Zeit später in jenem Frühjahr erhielt ich eines Abends den Anruf eines meiner Freunde. „Raul, hör zu", flüsterte er eindringlich in die Sprechmuschel, „ich bin hier auf Alcalas Party. Deine Freundin, Terri, ist auch hier, und zwar mit einem anderen Jungen . . . . . ja, irgend so ein kleiner Halunke von Edgewood. Ich dachte, das würde dich vielleicht interessieren!"

Ich war, schlicht gesagt, wütend. Es spielte dabei keine Rolle, daß wir uns in den letzten Wochen nur sehr selten getroffen hatte. Gerade für diesen Abend hatte ich mich mit ihr verabreden wollen. Daraufhin hatte sie erklärt, irgendwelche Verwandte seien zu Besuch gekommen, so daß sie nicht fort könne. Was für ein Schlag ins Gesicht!

„Diese falsche ——!" schimpfte ich vor mich hin, als ich in meinen Wagen sprang und in die Nacht hineinbrauste. Zuerst hielt ich bei Toms Haus an. „Laß uns die ganze Clique zusammenrufen! Wir werden diesem —— was erzählen, mit meinem Mädchen herumzumachen!" Wir fuhren zur Imbißbude und gabelten dort drei oder vier „Hessen" auf. Fünf oder sechs weitere nahmen wir von Bobs Haus aus mit. Als wir auf der Party ankamen, waren wir ein volles Dutzend. Zwei Mädchen schrien laut auf, als sie uns kommen sahen. Vier andere schlichen sich im Schutz der Dunkelheit unbemerkt davon. Sie wußten nur zu gut, was kommen würde. Mit geballten Fäusten betraten wir das Haus –, und wir gebrauchten sie auch.

Die Schlägerei dauerte eine ganze Weile. Der junge Bursche, der den Fehler gemacht hatte, Terri zu dieser Party einzuladen, bekam meinen vollen Zorn zu spüren. Er lernte meine ausgezeichnete Geschicklichkeit im Treten aus erster Hand kennen und machte auch mit meinen beiden Fäusten unmittelbar Bekanntschaft. Nachdem ich einmal begonnen hatte, ihn zu verprügeln, steigerte ich mich dermaßen in Wut hinein, daß ich gar nicht mehr aufhören konnte. Ich hätte ihn am liebsten totgeschlagen, und beinahe wäre es auch so weit gekommen.

Als wir schließlich das Haus verließen, lag mein Opfer bewußtlos auf dem Fußboden. Meine Freunde fanden die Sache weniger belustigend als sonst, aber ich fühlte mich großartig. Ich hatte allen gezeigt, was Sache war, und zwar deutlicher als je zuvor. Bei einer Portion Hamburgern ließen wir die vergangene Stunde noch einmal an uns vorüberziehen.

Tom schien ernsthaft besorgt zu sein. Sein Lachen wirkte gekünstelt, als er sagte: „Mann, dem Kerl hast du es aber wirklich gegeben!"

„Ja, ich weiß", gab ich an, „er bringt Terri heute abend bestimmt nicht nach Hause!"

Tom rollte mit den Augen: „Ganz recht . . . . . heute abend nicht!"

Natürlich wußte ich genau, daß zwischen Terri und mir Schluß war, aber das machte nichts. So konnte ich mich in Zukunft voll auf Sharon konzentrieren. Es sollte sich jedoch herausstellen, daß ich über Wichtigeres nachzudenken hatte als über meine romantischen Kindereien. Am folgenden Dienstag während der Mathematikstunde kam ein ziemlich häßliches Mädchen in die Klasse marschiert und übergab dem Lehrer eine Notiz. „Raul Ries. Bitte sofort beim Direktor erscheinen!"

„Was ist denn jetzt schon wieder los?" seufzte ich. Meines Wissens hatte ich seit Tagen nichts Unrechtes mehr in der Schule getan. Mit einem lauten, gelangweilten Seufzer erhob ich mich und stolzierte in Richtung Direktorzimmer.

Das ernste Gesicht des Schulleiters war mir ja bereits vertraut, aber die beiden finster blickenden Männer, die bei ihm waren, waren mir neu. Auch als Herr Gilbert uns gegenseitig vorstellte, blieben ihr Mienen eisern. Dann ergriff einer von ihnen das Wort: „Raul Ries, Sie sind verhaftet wegen schwerer tätlicher Beleidigung und körperlicher Mißhandlung. Ich möchte Sie darauf hinweisen, daß Sie das Recht haben, die Aussage zu verweigern. Alles, was Sie sagen, kann u. U. als Beweismaterial gegen Sie verwendet werden . . . . ." Natürlich hatte ich die *Miranda*-Warnung oft genug im Fernsehen gehört, aber, so unwahrscheinlich es auch klingen mag –, dieses war trotz unzähliger Schlägereien und Dutzender von Verletzten, die auf mein Konto gingen, meine erste Festnahme.

Die beiden Polizisten in Zivil legten mir Handschellen an und brachten mich zu ihrem Wagen. Auf der Polizeistation von West Covina wurden meine Fingerabdrücke und persönlichen Daten

43

festgehalten. Die Kautionssumme wurde festgesetzt, meine Eltern wurden benachrichtigt, und ich erhielt die Anweisung, in einer Woche vor Gericht zu erscheinen. Tom wartete draußen vor der Tür des Vernehmungszimmers auf mich. „Ich schätze, diesmal hat es mich erwischt", bemerkte ich mit einem süßsauren Lächeln.

Die Schlägerei, durch die ich schließlich in die Fänge des Gesetzes geraten war, war die durch Terris „Treulosigkeit" verursachte. Der Schüler aus Edgewood, der mit ihr zu jener Party gegangen war, hatte sich in einem kritischen Zustand befunden, als der Unfall-wagen eingetroffen war. Jeder der Anwesenden wußte natürlich, daß ich es gewesen war, der ihn zusammengeschlagen hatte.

Wir trafen uns bei der Gerichtsverhandlung wieder. Als ich den düsteren Raum betrat, empfing er mich bereits mit eisigen Blicken. (Ich hatte mir nicht die Mühe gemacht, seinen Namen zu behalten.) Doch auch jetzt noch verspürte ich ein Gefühl der Genugtuung, als ich ihn ansah und mehrere Narben entdeckte, die von unserem Handgemenge herrührten. Ich hatte ihn im Kampf überwältigt, und er war meiner Meinung nach ein für allemal der Besiegte.

An meiner Schuld bestand kein Zweifel, und der mir vom Gericht zur Verfügung gestellte Verteidiger riet mir, mich schuldig zu bekennen. Offen blieb nur die Frage, ob ich ein oder zwei Jahre Gefängnis bekommen würde.

Als ich aufstand, um das Urteil entgegenzunehmen, erlebte ich eine Überraschung. Der Richter starrte zunächst lange Zeit auf seine Akte, bevor er mich ansah. „Raul Ries, Sie haben sich der tätlichen Beleidigung und schweren körperlichen Mißhandlung für schuldig bekannt. Das Gericht hat sich lange darüber Gedanken gemacht, was wohl das Beste für Sie und für die Gesellschaft sein würde, und ist zu folgendem Schluß gekommen: Wenn Sie Ihrem Land im Marineinfanteriekorps dienen wollen, dürfen Sie das tun. Das Urteil wird in diesem Fall ausgesetzt."

Ich wollte meinen Ohren kaum trauen. Wieder einmal war ich davongekommen! Ich hatte zwei Freunde bei der Marine, die beide in Hawaii gelandet waren. Die Entscheidung war klar: „Ich melde mich zum Marineinfanteriekorps, Euer Ehren", erwiderte ich höflich.

Beinahe hätte ich laut gelacht, als ich sah, wie mein Opfer total deprimiert mit seinen Angehörigen hinaushumpelte. *Ich habe ihn zum zweiten Mal geschlagen,* dachte ich und verließ das Gerichtsgebäude mit einem selbstbewußten Grinsen auf dem Gesicht. *Ries, du hast wieder einmal die ganze Welt besiegt!*

Es waren nur noch wenige Wochen bis zum Schulabschluß, und ich paßte auf, daß ich nicht noch einmal unangenehm auffiel. Der Höhepunkt in jenen Wochen war die abendfüllende Party der Abschlußklassen auf Catalina Island. Sharon nahm ebenfalls daran teil, und wir verbrachten schließlich die meiste Zeit zusammen.

„Was hast du für Pläne, wenn du die Schule hinter dir hast?" fragte ich sie.

„Ich habe vor, zum College zu gehen. Wahrscheinlich besuche ich zunächst einmal die Unterstufe, hoffe dann aber, auf eine christliche Universität überwechseln zu können. Anschließend möchte ich gern nach Chile gehen und dort wohnen."

„Wie kommst du darauf?"

„Ich bin dort aufgewachsen. Meine Eltern waren Missionare in Chile und Kolumbien, und ich habe die meiste Zeit meines Lebens in Südamerika zugebracht. Was hast du denn für Pläne, Raul?"

„Ich melde mich zur Marineinfanterie."

„Wirklich? Das ist ja enorm!"

„Na ja. Nächsten Monat fange ich mit der Grundausbildung an. Und dann komme ich wahrscheinlich nach Hawaii."

„Schreibst du mir mal?" wollte Sharon wissen.

„Aber sicher doch, mit dem größten Vergnügen."

Während der nächsten vier Wochen, bevor ich mich auf den Weg nach Camp Pendleton machen mußte, verbrachte ich sehr viel Zeit mit Sharon. Je mehr ich mit ihr zusammen war, desto mehr sehnte ich mich danach, mit ihr zusammen zu sein. Die Wut, die normalerweise mein Leben beherrschte, schien in ihrer Gegenwart alle Macht über mich zu verlieren. Sharon gab mir die Veranlassung, ein ganz neues Leben beginnen zu wollen. Mit ihrer Unterstützung würde es mir bestimmt gelingen, meine Probleme zu überwinden, die Zeit bei der Marine erfolgreich hinter mich zu bringen und dann als großer Held zurückzukehren.

Zu dem „neuen Raul" gehörte es auch, daß ich mit in Sharons Gemeinde ging. Die meiste Zeit meines Lebens war ich zur Kirche gegangen, aber das war für mich zu einem bloßen Ritual ohne wirklichen Sinn geworden. Was machte es da schon aus, ob ich den Gottesdienst in der katholischen Kirche besuchte oder den in Sharons Gemeinde? Wenn sie Wert darauf legte, daß ich sie begleitete, konnten wir eben noch ein bißchen länger zusammen sein. Trotzdem war es natürlich eine ganz schöne Umstellung.

Die Kirche, die Sharon in Baldwin Park besuchte, war ein einfaches Stuckgebäude. Es wirkte von außen mehr oder weniger steril, und von innen kam es mir total verrückt vor. Als ich das erste Mal dort war, fragte ich mich, warum es keine Statuen und Kerzen gab. Und wo waren die bunten Glasfenster und das riesige Kreuz mit der grauenhaften Darstellung der Kreuzigung Christi? Wo war die Orgel mit ihren überdimensionalen Pfeifen, die aus der Wand hervorragten? Anstelle eines reichverzierten Altars stand nur ein kleiner Tisch mit einer um so größeren Bibel darauf vorn im Raum.

Es gab auch keine Prozession von Priestern in kostbaren Gewändern, die hinter den Altardienern her durch die Kirche marschierten und dabei ein Kreuz trugen oder ihr Weihrauchfaß durch die Luft schwangen. Statt dessen betraten mehrere Männer in Straßenanzügen das Podium. Einer von ihnen leitete die Gemeinde im Gesang; die Lieder hörten sich meines Erachtens recht einfach an. Ein anderer war für das Einsammeln des Opfers verantwortlich. Anschließend schlug der dritte seine Bibel auf und begann zu predigen. In der Mitte seiner langatmigen Predigt schlief ich bereits tief und fest.

Sharon blieb zwar höflich, aber man konnte ihr die Enttäuschung anmerken. Wir aßen mit ihren Eltern zusammen zu Mittag, und danach fragte ich erwartungsvoll: „Möchtest du nächste Woche einmal ausgehen?" Im allgemeinen konnte kein Mädchen jemals meinen gelegentlichen Einladungen widerstehen.

„Ich weiß noch nicht, Raul; mal sehen."

Das nächste Mal bleibst du gefälligst wach in der Kirche, Dummkopf, las ich mir selber die Leviten, nachdem ich Sharon zu Hause abgeliefert hatte.

Am folgenden Wochenende arrangierte Tom ein doppeltes

Rendezvous für uns beide mit Barbara und Sharon. Wir begleiteten.die Mädchen zu einer Party im Haus eines guten Bekannten. So gern ich auch mit Sharon zusammen war, so fiel es mir doch schwer, mit meinen alten Gewohnheiten zu brechen. Nach einer halben Stunde gingen Tom und ich in ein rückwärts gelegenes Zimmer, wo wir ziemlich viel tranken und uns mit ein paar leichten Mädchen amüsierten. Eine Stunde später kehrten wir zu der Party-Gesellschaft zurück, mußten aber feststellen, daß Sharon und Barbara bereits nach Hause gegangen waren – ohne uns.

Ich wußte, daß ich meine Chance verpaßt hatte. Am Sonntag morgen, als ich mich mit finsterer Miene im Badezimmerspiegel betrachtete, kam ich zu dem Schluß, irgend etwas unternehmen zu müssen, um unsere Beziehung zu retten. Es schien so, als würde sie von Anfang an auf wackeligen Füßen stehen, und daran war zum größten Teil ich schuld. Na ja, zugegeben, ich war ganz allein daran schuld. Ich ließ die Arme sinken und warf einen letzten Blick auf meine Frisur. Nicht übel! Dann schüttelte ich energisch meine Befürchtungen ab. „Keine Bange, Kleiner", sprach ich mir selbst Mut zu, „sie mag dich bestimmt immer noch!"

Nach dem Gottesdienst erkundigte sich Sharon freundlich, warum ich so plötzlich verschwunden sei. „Tom und ich haben versucht, Ron zu helfen", erwiderte ich mit meinem überzeugendsten Lächeln. Die Party hatte in Rons Haus stattgefunden, und Sharon wußte, daß die Familie eine Menge Probleme hatte. „Rons alter Herr ist ihm in letzter Zeit wirklich auf den Wecker gefallen, weißt du. Aber wie kommt's, daß ihr so früh weggegangen seid?"

„Barbara wollte nach Hause. Es tut mir leid."

„Ach, das macht nichts. Wie wär's mit einem Kinobesuch heute abend?"

Wieder einmal hatte ich eine brenzlige Situation mit meinem charmanten Lächeln und einer schlagfertigen Antwort gerettet. Weil ich nicht allzuviel Geld besaß, beschränkten sich unsere Verabredungen meistens auf einen Kinobesuch oder einen Fernsehabend bei Sharon zu Hause.

Einen Monat nach Schulabschluß meldete ich mich zur Grundausbildung in Camp Pendleton, außerhalb von San Diego. Gleich bei meiner Ankunft kam mir der Gedanke, ob ich nicht vielleicht in eine noch schlimmere Sache hineingerasselt war als eine Gefängnisstrafe. Während wir aus dem Bus kletterten, schrie uns ein Spieß an: „Los! Schneller! Schneller!" Wir stellten uns schleunigst in einer Reihe auf, um die ersten Instruktionen zu erhalten. „Sie sind nicht mehr draußen in der Welt!" brüllte der Spieß. „Von jetzt an tun Sie, was ich sage! Keiner sieht um sich! Keiner macht den Mund auf, es sei denn, er wird aufgefordert zu reden! Halten Sie den Blick ständig nach vorn gerichtet! Das erste Wort, das aus Ihrem Mund kommt, wenn ich Sie etwas frage, ist ‚Sir'. ‚Sir, jawohl, Sir.' ‚Sir, nein, Sir.' Und so weiter. Haben Sie verstanden?"

„Sir, jawohl, Sir!" riefen wir im Chor.

„Warum flüstern Sie mir nicht gleich ins Ohr? Ich höre nichts!" Wir wurden um etliche Dezibel lauter: „Sir, jawohl, Sir!"

„Das war schon besser." Der Spieß ging auf einen der Neuankömmlinge rechts von mir zu. „Wie heißen Sie?"

„Renko."

„Was, nur Renko? Was ist mit dem ‚Sir', von dem ich gerade gesprochen habe? Wiederholen Sie gefälligst, Mann!"

„Sir, jawohl, Sir!"

„Sie werden mir sicher viel Ärger machen, was, Mann?"

„Sir, nein, Sir!"

„Möchten Sie uns jetzt vielleicht gleich ein paar Liegestützen vorführen?"

„Nein, Sir, Sir!"

„Aber sicher doch! Hinlegen!"

Während Renko laut seine Liegestützen mitzählte, kam der Spieß auf mich zu. „Woher kommen Sie?"

„San Gabriel-Tal, Sir!" brüllte ich.

„*Sir*, San Gabriel-Tal, Sir!"

„*Sir*, San Gabriel-Tal, Sir!"

„Sind Sie dadurch etwa zu einem Rowdy geworden?"

„Nein, Sir!"

„*Sir*, nein, Sir!"

„*Sir*, nein, Sir!"

„Wollen Sie uns auch ein paar Liegestützen vormachen?"

„Sir, nein, Sir!"

„Dann antworten Sie gefälligst jedesmal mit ‚Sir‘, wenn ich mit Ihnen rede, verstanden?"

„Sir, jawohl, Sir!"

„Gut so, Mann! Sie werden Ihre Sache hervorragend machen." Später am gleichen Tag war der Feldwebel allerdings nicht mehr ganz so überzeugt, als er mich anschrie und mir dabei seine Spucke in den Augen brannte: „Sie kleiner ——! Ich werde einen Mann aus Ihnen machen, auch wenn es bis zu meinem Lebensende dauern sollte. Und so wie *Sie* aussehen, wird es doppelt so lange dauern!" Ich kochte innerlich vor Wut, war aber klug genug, mich zu bezähmen.

Die tägliche Schinderei half mir, meinen Zorn wenigstens teilweise abzureagieren: marschieren, arbeiten, schwitzen, klettern, schießen, kriechen. Wir waren jeden Tag siebzehn Stunden lang ununterbrochen auf den Beinen; der Staub füllte unseren Mund und die Flüche unsere Ohren. Wenn wir die „paar guten Männer" sein sollten, nach denen das Marineinfanteriekorps beständig Ausschau hielt, war es kein Wunder, daß es davon nur so wenige gab.

So gern ich die Feldwebel, die uns ununterbrochen anschrien und beschimpften, auch verdroschen hätte, war ich doch klug genug, keinen tätlich anzugreifen, der einen höheren Rang hatte als ich. Außerdem wurde ich auch noch von einem anderen Beweggrund getrieben: Ich wollte immer und in allem der Erste sein. Mein Stolz auf meine Körperkraft, den ich bereits während meiner Schulzeit sorgfältig genährt hatte, wurde jetzt davon gelenkt, daß ich bei jeder Übung gewinnen mußte: am schnellsten laufen, beim Hindernisrennen als erster am Ziel sein, die meisten Klimmzüge machen, beim Schießen am häufigsten ins Schwarze treffen usw. usw. Die Abschlußprüfung in der Schule hatte ich als der Beste in meiner Klasse bestanden und sogar eine besondere Auszeichnung gewonnen.

Nach den zwölf Wochen Grundausbildung schloß sich die Infanterieausbildung an. Da der Vietnamkrieg in vollem Gange war, mußte sich jeder Marineinfanterist auf das Schlimmste gefaßt machen, und wir wurden ausgiebig für den Dschungelkrieg ausgebildet. Doch gelegentlich bekamen wir jetzt auch Urlaub, und ich nutze diese Zeiten weidlich aus, um mit Sharon zusammen zu sein.

Ich merkte, daß sie ganz verrückt auf mich war, und auch ich konnte es kaum ertragen, von ihr getrennt zu sein. Sharon besuchte inzwischen ein College, und sooft ich frei hatte, fuhr ich sie morgens dorthin und wartete draußen vor dem Gebäude auf sie, bis der Unterricht zu Ende war. Dadurch wurde ich wenigstens vor Dummheiten bewahrt.

Schließlich war unsere Ausbildung beendet, und wir erhielten Ende November unseren Gestellungsbefehl. Die meisten meiner Kameraden wurden zu irgendwelchen sicheren, interessanten Plätzen geschickt: nach Europa, in andere Garnisonen innerhalb der Vereinigten Staaten oder auch nach Hawaii. Doch der Bescheid, den ich erhielt, lautete anders. Ich konnte meinen Augen fast nicht trauen, als ich las: „Westpac". Wir wußten alle, was dieses gefürchtete Wort bedeutete: Raul Ries war auf dem Weg nach Vietnam.

6

TÖTEN ERLAUBT

San Diego. Anscheinend mußte ich jedesmal, wenn etwas Bedeutsames in meinem Leben passierte, gerade durch diese Hafenstadt in Südkalifornien reisen. Tijuana war nur einen Katzensprung entfernt. Hier war ich zum ersten Mal meinen amerikanischen Verwandten begegnet und voller Freude mit ihnen durch San Diego gefahren, auf dem Weg in unsere neue Heimat Los Angeles. In Tijuana war es auch gewesen, wo meine Eltern trotz der ärgerlichen Proteste meinerseits ihre lange Trennungszeit beendet hatten. Später hatte ich, wiederum in Tijuana, den Unglücksbus bestiegen, der mich endgültig zu Mamacita bringen sollte.

Und jetzt, am 7. Dezember 1966, kam ich wieder durch San Diego. Ich hatte mich bereits zu Hause von Sharon verabschiedet, weil ich einen tränenreichen Abschied am Kai vermeiden wollte. Vater, Xavier und Tom waren mit mir bis Camp Pendleton gefahren, wo ich den Bus bestiegen hatte. In diesen Augenblicken, als sein Sohn in den Krieg ziehen mußte, war Vater still und in sich gekehrt gewesen. Angesichts der Tatsache, daß ich vielleicht nicht lebend zurückkehren würde, erschienen ihm und auch mir unsere häufigen Auseinandersetzungen unbedeutend. Ganz allein schritt ich die Gangway der U.S.S. Gaffay hinauf und bemühte mich, die jungen Marineinfanteristen nicht zu beachten, die unter vielen

51

Tränen von ihren Angehörigen Abschied nahmen. Ich verstaute meine Seesäcke an dem dafür vorgesehenen Platz und hörte, wie die Maschinen vom Leerlauf höher geschaltet wurden. Als sich das Schiff in Bewegung setzte, ging ich wieder an Deck und sah zu, wie die Hafenanlagen hinter uns zurückblieben. Bald darauf dampften wir gleichmäßig westwärts in den Pazifischen Ozean hinein. „Meinst du, wir werden Amerika noch einmal wiedersehen?" fragte ein traurig dreinblickender Soldat neben mir jeden, dessen er habhaft werden konnte.

„Weiß ich doch nicht, Mann!" Ich drehte mich abrupt um und ging weg. Es war mir wirklich nicht nach einer Unterhaltung zumute. Die seltsame, unbekannte Furcht, nie wieder nach Hause zu kommen, hatte uns alle erfaßt. Es ging dabei weder um Philosophie noch um Theologie, auch nicht darum, ob man in den Himmel oder in die Hölle kommen würde. Eine ganz einfache Frage bewegte jedes Gemüt: *Werde ich Vietnam überleben?*

Doch es gab noch einen weiteren Gesichtspunkt. Während das amerikanische Festland nach und nach unseren Blicken entschwand, beschäftigten sich die Männer zum großen Teil mit der Möglichkeit ihres Todes. Ich allerdings konzentrierte mich lieber auf den Gedanken, wieder nach Hause zu kommen – und zwar als Held.

Unsere Reise dauerte zwei Wochen. Einmal hielten wir für 48 Stunden in Okinawa an. Dort machte sich die ganze Spannung, die wir an Bord empfunden hatten, explosionsartig Luft. Unser kurzer Landurlaub versetzte uns in eine wahre Ekstase des Trinkens, Zechens und der Schlägereien. Anschließend kehrten wir wieder zur Eintönigkeit auf See zurück.

Fünf Tage, nachdem wir Okinawa verlassen hatten, sahen wir zum ersten Mal Vietnam. Wir legten in Da Nang an, wo ich sofort einen ungewöhnlichen Geruch wahrnahm –, eine heiße, muffige Mischung aus Düsentreibstoff und Sprengstoff. Als wir dann unsere Befehle erhielten, lief mir eine Gänsehaut den Rücken hinunter. Ich war der Ersten Marinedivision, Alpha-Kompanie, zugeteilt worden –, besser bekannt als „Prämienjäger". Ihre Aufgabe war es, den Feind aus seinen Dschungelverstecken hinauszuscheuchen. Es war eine der gefährlichsten Bestimmungen überhaupt.

Von Da Nang wurden wir auf dem Luftweg nach Chu Lai beför-
dert. Lastwagen transportierten uns weiter zur Front. Beinahe
hätte ich das Ziel nicht erreicht. Ich spürte, wie unser Lastwagen
einen Schlenker machte, und sah gerade noch, daß wir mit knapper
Not einer Landmine entgangen waren. Der Lkw hinter uns hatte
nicht so viel Glück.

Am 24. Dezember kamen wir an der Front an, gerade rechtzeitig
zur Weihnachts-Feuerpause. Der muffige, scheußliche Geruch
war hier noch intensiver. Hin und wieder hörte man Geschütz-
feuer. Eine Frage machte uns allen zu schaffen: *Wie wird es
werden?* In Gedanken gingen wir die Kriegsspiele unserer Kinderzeit durch, aber es war uns wohl bewußt, daß das hier kein Spiel
war.

Den Heiligen Abend verbrachten wir still in unseren Stellungen.
Jeder von uns war in Gedanken mit den Weihnachtsfesten der Vergangenheit beschäftigt. Meine Erinnerungen reichten bis zu glänzend geschmückten Christbäumen, schönen Geschenken und viel
Gelächter und Fröhlichkeit zurück, wurden dann aber zunehmend
dunkler, als ich an die Trunksucht meines Vaters und die nie enden
wollenden Streitereien in der Familie zurückdachte. Ob meine
Eltern sich heute abend wohl auch stritten? Und wenn schon! Ich
war Tausende von Kilometern von ihnen entfernt. *Kein großer
Verlust,* entschied ich bitter. Gemeinsam mit einigen anderen Soldaten betrank ich mich gründlich.

Ganz unvermittelt war der alte Jähzorn in mir wieder aufge-
flammt, und ich erhielt dadurch neuen Mut. Zu Hause hatte ich
meine Wut immer bezähmen müssen. Ich konnte ja nicht bei jedem
gleich zuschlagen, außerdem bestand auch immer die Gefahr, mit
dem Gesetz in Konflikt zu geraten. Jetzt aber hatte ich die offizielle
Genehmigung zum Töten, denn es war entweder „Charlie" oder
ich. Bis jetzt hatte ich nie einen Kampf verloren, und ich war entschlossen, auch diesen nicht zu verlieren!

Einen Tag nach Weihnachten wurde das Leben wieder
„normal". Ich wurde zum „Posten" bestimmt, das heißt, ich mußte
fünfzig bis hundert Meter vor unserer Kompanieabteilung her
gehen, um den Feind zum Schießen zu veranlassen und den Boden
nach eventuellen Tretminen abzusuchen. Wir hatten Auftrag, an

diesem Abend einen Hinterhalt vor einem Dorf in der Nähe zu legen. Wir versteckten uns in den Büschen rings um die paar Hütten und beobachteten, während es immer dunkler wurde, genau alle Pfade, die dorthin führten, um nach Vietcongkämpfern Ausschau zu halten.

Die Stunden vergingen in quälender Langsamkeit. Da meine Augen nicht an eine derart intensive Konzentration gewöhnt waren, meinte ich plötzlich, eine Bewegung gesehen zu haben. „Da, was war das?"

„Nichts. Ich sehe nichts", gab einer meiner erfahreneren Kameraden zur Antwort. Ich wand mich innerlich vor Verlegenheit. Hatte ich denn schon Halluzinationen? Bei Tagesanbruch schien sich alles vor meinen Augen zu bewegen –, dabei war die ganze Nacht über kein Mensch aufgetaucht. *Nichts los,* dachte ich. *Vielleicht ist es doch nicht ganz so schlimm.*

Aber die Erleichterung, die ich empfunden hatte, währte nur kurze Zeit. Der Nachrichtendienst der Marine hatte in Erfahrung gebracht, daß sich Vietcongkämpfer in einem anderen Dorf versteckt hielten. Wir erhielten den Befehl, sie von dort zu vertreiben. Durch die umliegenden Reisfelder näherten wir uns vorsichtig dem bezeichneten Dorf. Plötzlich wurde die bleierne Stille von Gewehrschüssen zerrissen. „Hinlegen!" donnerte eine Stimme.

Die Kugeln pfiffen von den Gräben, kamen über das Wasser auf uns zu geschwirrt. Ich schob mit nach vorn, feuerte in die Richtung des Dorfes und warf mich wieder flach auf den schlammigen Boden, während rings um uns her das Gewehrfeuer brandete. „Schickt uns schleunigst die dicken Sachen!" schrie einer in sein Funkgerät, „wir sind unter Beschuß!" Bald darauf war Artilleriefeuer zu hören, und Phantom-Düsenbomber warfen ihre tödliche Last ab.

Geschlagene sechs Stunden lang lagen wir im Schlamm, und die Blutegel nutzen unsere Lage weidlich aus, indem sie sich an jedem freien Stückchen Haut festbissen. „Du mußt sie einfach ignorieren", klärte mich ein erfahrener Marineinfanterist auf, „sonst machen sie dich verrückt. Konzentriere dich lieber auf den Feind." Schließlich gelang es uns, das Dorf zu stürmen. Als wir dann aber eine Hütte nach der anderen durchsuchten, fanden wir lediglich ein paar Frauen und Kinder sowie etliche Tiere darin vor. Der Feind war in den dichten Urwald entkommen.

Das war das Frustrierende an diesem Krieg, daß wir den Feind sehr oft überhaupt nicht zu Gesicht bekamen. Ich kam zu dem Schluß, es könne unter solchen Umständen nicht schaden, die Gottheit, falls sie überhaupt existierte, um Hilfe anzurufen. Wieder in unserem Stützpunkt angekommen, nahm ich ein Bildchen von der Jungfrau Maria heraus und stellte eine Kerze davor auf. Hier wollte ich in Zukunft auf gut Glück ein Gebetsritual abhalten, bevor es wieder in den Kampf ging.

An nächsten Tag griffen wir ein weiteres namenloses Dorf an. Plötzlich sprang ein Vietcong etwa hundert Meter vor mir aus einem Graben und versuchte zu entkommen. Ich hob meine M-16, zielte kurz und drückte ab. Seine Füße flogen in die Luft, und er landete kopfüber im Dreck.

Mit einem Schauder freudiger Erregung stürzte ich zu dem gefallenen Feind und drehte ihn um. Eine blutige Masse war alles, was von seinem Gesicht übriggeblieben war. Zuerst wollte mich eine vage Furcht beschleichen, die aber sehr bald der Freude über meinen ersten Erschlagenen wich. Ich empfand keine Traurigkeit bei dem Gedanken, einen Menschen getötet zu haben. Entweder er oder ich, lautete die Devise –, und ich hatte in diesem Fall gesiegt!

Von diesem Augenblick an wurde mir die Jagd auf Vietcongkämpfer zum Vergnügen. Der Zorn, der mein Inneres erfüllte, hatte eine vollkommene Ausdrucksmöglichkeit gefunden. Töten wurde für mich zum schönsten „Sieg", und ich fing an, große Befriedigung darüber zu empfinden. Wenn ich meine täglichen Gebetsrituale vor dem Bildnis der Jungfrau Maria vollzog, dachte ich immer: „Wie viele kann ich wohl heute umlegen?" Der Tod hatte für mich nichts Furcherregendes an sich. Wenn es mich erwischte, war daran eben nichts zu ändern.

Die Ironie an der ganzen Sache war nur, daß die militärische Führung „voraussetzte", daß kein Amerikaner seine Waffe lud, es sei denn, er wurde angegriffen. Wir Soldaten an der Front dagegen wußten ganz genau, daß man, um zu überleben und wieder nach Hause zu kommen, seine Waffe stets geladen haben und ständig schießbereit sein mußte. Jeder männliche Vietnamese über dreizehn Jahren war uns ein willkommenes Jagdobjekt. Ihn zu erschießen, konnte bedeuten, daß ein Amerikaner mehr mit dem Leben davonkam.

Die Tage verliefen für uns alle nach dem gleichen Schema: den Feind aufstöbern, ihn aus dem Hinterhalt überfallen, ihn abschießen. Abends waren die meisten meiner Kameraden stockbetrunken. Drogen waren ohne weiteres zu bekommen, aber aus irgendeinem Grunde konnten sie mich nie reizen. Vielleicht genügte bei mir das Töten, um mich „high" sein zu lassen.

Ron hatte ebenfalls nichts mit Drogen im Sinn, und in den Gefechtspausen unterhielten wir uns oft miteinander. Dabei kamen wir nach dem gegenseitigen Berichten über die Grausamkeiten des vergangenen Tages immer auch auf unsere Freunde und Angehörigen zu sprechen, die wir zurückgelassen hatten. Manchmal erinnerten wir uns auch an einen unserer gefallenen Kameraden, wie z.b. einen, dem wir den Spitznamen „Schleicher" gegeben hatten, und der auf eine Mine getreten war. Wir hatten nichts mehr von seinen sterblichen Überresten gefunden. „Das gleiche kann uns auch passieren", stellte Ron eines Abends sachlich fest. Ich pflichtete ihm bei, fügte aber hinzu: „Darüber mache ich mir keine Sorgen. Wenn es passiert, habe ich eben Pech gehabt!"

Häufig saßen Ron und ich auch nur still nebeneinander und lasen unsere Post von zu Hause. Sharon schrieb mir regelmäßig mehrere Male in der Woche, und ich ließ sie in meinen Antwortbriefen wissen, daß sie für mich das schönste Mädchen auf der Welt sei, und daß ich nach Beendigung meiner Dienstzeit nach Hause zurückkehren und sie heiraten würde.

Als ich das Wort „Heirat" erwähnte, antwortet Sharon, daß sie mich zwar sehr gern habe und ihr viel an unserer Freundschaft gelegen sei, sie mich aber trotzdem nicht heiraten könne. „Ich möchte einen Christen heiraten", hieß es in ihrem Brief.

Umgehend schrieb ich ihr zurück: „Ich bin doch ein Christ. Was dachtest du denn, was ich sei?" Sie versuchte mir zu erklären, daß ein Christ jemand ist, der sein Leben Jesus Christus übergeben hat. Ich erwiderte, daß ich mein Leben lang in die Kirche gegangen sei.

„Wenn wir erst verheiratet sind", schrieb ich, „werden wir jeden Sonntag in deine Gemeinde gehen." Dann fuhr ich fort, ihr zu beteuern, daß ich sie sehr vermisse und es gar nicht abwarten könne, sie wiederzusehen.

Ron und ich hörten oft den Radiosendungen zu, die von Saigon ausgestrahlt wurden. Manchmal erklang darin der beliebte Schlager „Windy", und Sharons hübsches Gesicht erfüllte meine Gedanken. Die Tränen brannten mir in den Augen, und ich merkte, daß ich zum ersten Mal in meinem Leben wirklich verliebt war. Würde ich sie je wiedersehen? Sie war Grund genug, um am Leben zu bleiben.

Kurz darauf wurden alle Marineinfanterietruppen für einen massiven Feldzug mobilisiert, der den Namen „Operation Arizona" trug. Wir sollten in einer Großaktion alle Dörfer in Richtung Norden durchstöbern und von Vietcongsoldaten säubern. Eines Morgens mußte Ron Posten gehen; ich war dicht hinter ihm. Es waren nur noch zwei Monate, bevor er wieder nach Hause fahren sollte, und ich hatte energisch dagegen protestiert, daß er für diese gefährliche Aufgabe bestimmt worden war. Warum ein solches Risiko eingehen, wenn er so kurz vor dem Ende seiner Dienstzeit stand?

Als wir in die Nähe eines Dorfes kamen, verließ Ron den Weg und begab sich ins Gebüsch, um unseren Hinterhalt vorzubereiten. Unglücklicherweise sah er die Minenfalle nicht. Eine gewaltige Explosion schallte durch den Urwald, und ich rannte sofort zu der Stelle, wo Ron sich befunden hatte. In etwa sechs Meter Entfernung fand ich einen seiner Stiefel, in dem noch sein Fuß steckte. Ich zog meinen Mantel aus und deckte ihn über die blutigen Stümpfe, die alles waren, was von seinen Beinen übriggeblieben war. „Sind meine Beine weg?" rief er im Fieberwahn.

Einige von uns fanden die fehlenden Gliedmaßen und steckten sie in einen Plastikbeutel, um sie den Ärzten zu übergeben. Dann griff ich nach Rons Gewehr und schoß wie wild in Richtung des Dorfes. In blindes Zorn feuerte ich auf alles, was sich bewegte. Für mich gab es nur eine einzige Antwort auf eine solche abscheuliche Tat: Jeder, der Schlitzaugen hatte, würde für das büßen müssen, was mit meinem Freund passiert war.

Die Verstümmelung, die ich bei Ron und anderen meiner Kameraden gesehen hatte, fachte den in mir schwelenden Haß zu heller Flamme an. Dieser Krieg war absolut sinnlos! Ich haßte den Feind, und noch mehr haßte ich die Regierungsbeamten und die militärische Führung, die sich ein gutes Leben machten, sich immer schön weit vom Kampfplatz des Geschehens hielten und noch nie einen Gewehrlauf auf sich gerichtet gesehen oder sich Gedanken darüber gemacht hatten, daß sie beim nächsten Schritt von einer Mine zerrissen werden konnten. Es war sinnlos, so viele Amerikaner in diesem Krieg zu opfern!

Trotz der vielen Male, die ich Posten gegangen war, war ich bis jetzt ohne größeren Schaden davongekommen. Allerdings wurde ich ständig von den Blutegeln heimgesucht. Gelegentlich entzündeten sich diese Stellen, und ich mußte für ein oder zwei Tage per Hubschrauber nach Da Nang ins Lazarett geflogen werden.

Eines Nachmittags saß ich oben auf einem amerikanischen Armeelastwagen. Plötzlich vernahm ich das bekannte Knallen von Gewehrschüssen und spürte gleichzeitig einen schmerzhaften Schlag gegen meine Schulter. Eine Gewehrkugel hatte meine Fliegerjacke gestreift, aber nur einen kleinen Brandfleck auf meiner Haut hinterlassen, als Erinnerung an ihren Besuch. Vielleicht war da doch Einer, der auf mich aufpaßte!

Jedesmal, wenn wieder eine Gruppe neuer Marineinfanteristen unserer Division zugeteilt wurde, wählte man einen von ihnen als Posten aus. Nach nunmehr zehn Monaten an vorderster Front war ich so weit, daß ich weiter nach hinten rücken konnte. Als ein 18 Jahre alter Texaner mit Namen Tony ausgesucht wurde, in unserem Zug Posten zu gehen, bot ich mich an, ihn einzuweisen. Am ersten Morgen zeigte ich ihm, wie man ganz langsam das Gelände nach tödlichen Fangdrähten und Fallgruben absuchte. Dann lagen wir lange Zeit vor einem Dorf auf der Lauer, um feindliche Bewegungen zu überwachen, aber nichts rührte sich.

Am gleichen Abend erhielten wir den Befehl, zu demselben Dorf zurückzukehren und auf der anderen Seite einen Hinterhalt zu legen. Ich erklärte Tony, was für eine gefährliche Operation dies sei. Sobald wir nämlich durch ein Dorf gekommen waren, konnten wir sicher sein, daß der Feind sofort wieder neue Minen gelegt hatte. Da es inzwischen dunkel geworden war, mußten wir uns bei der Kontrolle niederbücken und mit der Hand den Boden abtasten. Ich ging voran, um Tony zu zeigen, wie er es machen mußte, und schlug dann vor, er solle es auch einmal versuchen. Aber er hatte es zu eilig und stolperte aus Versehen über einen Minendraht. Ich sah den Funken aufleuchten und schrie: „Minenfalle!" Gleichzeitig gab ich ihm einen Stoß, um ihn aus dem Gefahrenbereich hinauszubefördern, aber es war bereits zu spät. Wir wurden beide von der Macht der Explosion zu Boden geschleudert.

Einen Augenblick lang lag ich wie betäubt. Vorsichtig tastete ich dann meine Beine und Arme ab und stellte fest, daß sie heil geblieben waren. Dann hörte ich Tony stöhnen und rappelte mich auf, um nach ihm zu sehen. Sein rechter Arm sowie beide Beine fehlten. Inzwischen waren auch die anderen von der Truppe herangekommen, als wir uns plötzlich von Gewehrfeuer umgeben sahen. Der beißende Geruch von Schießpulver brannte mir in der Nase. Unwillkürlich fiel ich vornüber, riß mich aber wieder hoch. *Los! Vorwärts!* befahl ich meinem Körper. Ich machte ein paar taumelnde Schritte und fiel wieder hin.

„Ries! Hinlegen, Mann! Sie sind getroffen!" Ich wußte nicht, wer es war, der mir das zuschrie, aber ich hatte das unbestimmte Gefühl von Schmerzen in meinem Rücken und meinem Bein. Ich tastete mit der Hand nach meinem Rücken und zog sie wieder zurück. Blut! Sehr viel Blut! Ich hörte einen Hubschrauber über uns kreisen, der die Verwundeten zu bergen versuchte, aber das feindliche Feuer ließ ihn nicht herankommen. Instinktiv taumelte ich hoch und schoß blindlings in die Richtung des Feindes. Dann verschwamm mir alles vor den Augen, es wurde dunkel um mich, und ich fiel von neuem zu Boden, diesmal endgültig.

Als ich aufwachte, befand ich mich im Lazarett in Da Nang. Die Ärzte operierten mir mehrere Schrapnellsplitter von der Granatexplosion aus Rücken und Bein heraus. Da sie aber nicht alles entfernen konnten, wurde ich am nächsten Tag auf das Lazarettschiff *Sanctuary* transportiert, das im Hafen von Da Nang festgemacht hatte. Es wurde für die nächsten vier Wochen, während das Schiff zu den Philippinen fuhr, mein Zuhause.

Weder die Kämpfe der Vergangenheit noch der Zorn der Gegenwart hatten mich auf das Furchtbare vorbereiten können, das ich an Bord dieses unglückseligen Schiffes sah. Da lagen die Männer Reihe an Reihe, mit fehlenden Gliedmaßen, aufgeschlitzten Leibern und sonstigen schrecklichen Entstellungen. Als ich durch die verschiedenen Abteilungen ging, sah ich Männer die dermaßen durch Napalmbomben verbrannt waren, daß sie kaum noch Ähnlichkeit mit einem menschlichen Wesen hatten. U. a. war da auch ein ehemaliger Fußballspieler namens Jim, der einen Kopfschuß davongetragen hatte. Sein Schädel war kahl rasiert, und er hing an allen nur denkbaren Apparaturen, die ihn am Leben erhalten sollten. Doch es war nicht mehr als ein bloßes Dahinvegetieren. Einer der Pfleger sagte mir, er würde wahrscheinlich nie mehr laufen oder auch nur sprechen können.

Das Entsetzen wollte mich übermannen angesichts so vieler zerstörter Menschenleben. Alle, die hier lagen, waren junge Männer, 18, 19, 20 Jahre alt, aber sie würden nie mehr ein normales Leben führen können. Ich bildete praktisch eine Ausnahme, denn ich trug keine Verbrennungen im Gesicht, Arme und Beine waren heil und am richtigen Platz, und ich war allem Anschein nach kein Krüppel auf Lebenszeit.

Ich faßte den Entschluß, daß Raul Ries auch keine Gelegenheit mehr haben sollte, sich verstümmeln zu lassen. Ich wollte lebendig und mit heilem Körper nach Hause zurückkehren. Kein Postengehen mehr! Auch keine Kriegsspiele!

Während der letzten beiden Wochen meines Aufenthaltes an Bord der *Sanctuary* hatten wir in einem Hafen der Philippinen festgemacht. Ich war so weit wiederhergestellt, daß ich am Wochenende Ausgang bekam. Einige der schon fast in Vergessenheit geratenen Vergnügungen übten sehr bald wieder ihren alten Reiz auf mich aus und trieben mich nur noch mehr dazu, dem Krieg entkommen zu wollen. Als meine Genesungszeit ihrem Ende entgegenging, dachte ich immer intensiver an Sharon. Ganz bestimmt würde ich aus gesundheitlichen Gründen aus der Armee entlassen und nach Hause geschickt werden. Manchmal sang ich im Geist die Worte meines Lieblingsschlagers „Windy" und träumte dabei von den kühlen Abenden des südlichen Kaliforniens. Die frohen

Stunden, die ich mit Tom und den „Hessen" verbracht hatte, kamen mir in den Sinn. Ja, ich meinte beinahe die Hamburger in unserer Imbißbude zu schmecken. Sogar meine Familie wurde plötzlich zu einer mehr oder weniger angenehmen Erinnerung. „Ich fahre *nach Hause!*" verkündete ich dem verdutzt dreinblikkenden Querschnittsgelähmten, meinem Bettnachbarn. „*Niemand* kann mich davon abhalten, nicht einmal der Präsident der Vereinigten Staaten!"

Unglücklicherweise waren meine Vorgesetzten im Marineinfanteriekorps längst nicht so begeistert von meinen Zukunftsplänen wie ich selber. Obwohl ich als Folge meiner Verletzungen immer noch humpelte, wurde ich vom Arzt gesund geschrieben und nach Vietnam zurückgeflogen. Ich war außer mir vor Zorn. Warum mußte ich wieder an die Front? Wenn die Marine mich zwang, erneut in den Krieg zu ziehen, würde ich mich rächen. Irgend jemand würde dafür büßen müssen.

7

DER LANGE WEG NACH HAUSE

Die Lust am Töten war mir vergangen. Trotz heftiger Proteste meinerseits schickte man mich wieder an die Front zurück, in die Alpha-Kompanie, wo ich von neuem Posten gehen mußte. In den ersten Wochen versuchte ich, das Gefühl der Freude am Töten zurückzugewinnen, aber das Gefährliche meiner Situation wog nun schwerer als die frühere Erregung und Abenteuerlust. Ich wollte unbedingt am Leben bleiben, was hier in Vietnam aber praktisch unmöglich war. Also mußte ich irgend etwas unternehmen, um wegzukommen.

Nach den elf Monaten, die ich nun bereits in Vietnam war, wurde ich zusehends halsstarriger und streitsüchtiger. „Wenn ich das hier noch weiter machen muß", knurrte ich eines Abends den Feldwebel an, „komme ich bestimmt nicht lebendig nach Hause."

„Was wollen Sie denn machen?" schnauzte er mich an.

„Ich gehe einfach nicht mehr raus!"

„Sie tun gefälligst, was man Ihnen sagt!"

„Warum muß ausgerechnet ich immer Posten gehen?" schrie ich. „Warum nicht ein anderer?"

„Wir haben zu wenig Leute, und Sie kennen sich aus."

„Sie ——! Ich habe die Nase voll! Ich mache einfach nicht mehr mit, verstanden?"

„Schon gut, schon gut . . . . . beruhigen Sie sich!"

„Ich denke nicht daran, mich zu beruhigen! Sagen Sie dem Hauptmann, er soll mich hier rauslassen!"

Wenige Augenblicke später wurde ich ins Büro des Hauptmanns befohlen. Ich griff nach meiner M-16 und nahm sie mit. „Wie ich höre, haben sie ein Problem", sagte der Hauptmann, als ich sein Zelt betrat.

„Nicht ich, sondern Sie haben das Problem. Ich will es Ihnen klipp und klar sagen" – ich sprach sehr langsam und betonte jedes Wort, damit er merkte, daß es mir ernst war –, „wenn Sie mich noch ein einziges Mal als Posten rausschicken . . . . . *ein* . . . . . *einziges* . . . . . *Mal* . . . . ., dann wird jemand daran glauben müssen. Und zwar kein Vietcong. Haben Sie mich verstanden?"

„Sie tun, was Ihnen befohlen wird, Obergefreiter!"

„Wenn Sie von mir verlangen, daß ich noch einmal dort hinaus muß, bringe ich Sie um!" Ich richtete mein Gewehr auf ihn, um das Gesagte zu unterstreichen. „Haben Sie mich verstanden?"

„Jawohl, Mann." Der Hauptmann nahm ein Blatt Papier und schrieb einige Anweisungen. „Ich möchte, daß Sie morgen nach Da Nang fahren und einen Psychiater aufsuchen."

„Großartig!" erwiderte ich. „Langsam werden Sie vernüftig!"

Beim Psychiater angekommen, wiederholte ich meine Drohungen. „Wenn ich nicht endlich hier wegkomme, Mann, dann gibt's Schwierigkeiten."

Anfänglich zeigte der Doktor Verständnis für mich. Als ich ihn aber wiederholt mit Worten angegriffen hatte, wurde sein Gesicht finster. „Hören Sie, Ries, Sie haben der amerikanischen Marine keine Vorschriften zu machen. Das ist Ihnen doch wohl klar?"

„Ich will Ihnen genau sagen, was mir klar ist", gab ich wütend zurück. „Wenn Sie mich wieder an die Front schicken, bringe ich Sie um! Todsicher!" Meine Stimme war hart und eiskalt. Und ich meinte wirklich, was ich sagte.

Der Psychiater gab mir ein Stück Papier, das sich in der Tat als Fahrkarte nach Amerika erweisen sollte. Trotzdem war ich noch längst nicht nach Hause entlassen. Von Da Nang wurde ich zum Luftwaffenstützpunkt Travis in Nordkalifornien geflogen. Dort bekam ich gleich nach meiner Ankunft Handschellen angelegt und wurde unter militärischer Bewachung ins Marinehospital von Oakland gebracht, wo ich in die psychiatrische Abteilung eingeliefert wurde. Während der nun folgenden sechs Monate mußte ich am Projekt 49-A teilnehmen, einer speziellen Gruppentherapie für Soldaten der Marine.

In der Gruppe gab es Leute mit den verschiedensten Problemen. Ein Mann hatte mit Homosexualität zu kämpfen. Einige andere waren rauschgiftsüchtig und ebensoviele alkoholabhängig. Mein Problem war sehr leicht zu diagnostizieren: permanenter Jähzorn. Und nichts brachte mich mehr in Rage als ein Haufen Leute, die versuchten, mich zu „zähmen".

Dazu wurde eine ganz einfache Technik angewandt: Der Gruppenleiter nahm irgendein Opfer aufs Korn und ging dann direkt zum Angriff über. „Was ist heute Ihr Problem?" begann er. Gewöhnlich gab der Angesprochene zur Antwort: „Ich sage Ihnen überhaupt nichts!" Daraufhin hatte jeder in der Gruppe die Möglichkeit, den Betreffenden verbal zu attackieren. Man beschimpfte und beleidigte ihn, bedrängte und belästigte ihn, man drängte sich in sein Privatleben hinein und versuchte, ihn auszufragen, bis er schließlich „weich" wurde. Gewöhnlich fing der Patient an zu weinen, während er seine unglückliche Vergangenheit offenbarte, über die Mißhandlungen durch seine Eltern sprach und über das, was er falsch gemacht hatte. Der Gedanke war der, daß man, wenn ein Mensch „zerbrochen" war, die Bruchstücke auflesen und ihn wieder zusammensetzen konnte. Aber ich konnte nichts davon erkennen, daß sich durch diesen Prozeß irgend etwas änderte. Der arme Mißhandelte war nach wie vor mit seinen Problemen belastet. Man sagte uns nie, wie es zu einer wirklichen, dauerhaften Veränderung kommen konnte.

In meinen Augen war das ganze Programm ein reiner Unsinn. Ich jedenfalls war entschlossen, das Spiel nicht mitzumachen. Man versuchte auf alle nur erdenkliche Weise, mich zu „zerbrechen". „Sie sind ein selbstsüchtiger Verlierer, Ries", sagte der Gruppenleiter eines Morgens. Ich reagierte mit einem schwachen Lächeln.

„Sie wollen nur die Wahrheit verbergen", meinte einer der Männer, der bereits früher das Opfer gewesen war. „Sie verbergen sie vor uns und auch vor sich selber." Ich gab keine Antwort.

„Sie besitzen ein Ego, das so groß ist wie der Pazifische Ozean, Ries", ließ sich ein anderer Patient vernehmen. „Sie sind abscheulich."

„Das stimmt, Mann", lachte ich, „aber was wollen Sie dagegen machen?"

Kurz nachdem ich ins Krankenhaus gekommen war, rief ich meine Eltern an. Gleich am nächsten Vormittag kamen sie mich besuchen – zusammen mit Sharon. Ich humpelte immer noch ein wenig aufgrund meiner Verwundungen, was sie ganz offensichtlich rührte. „Raul, ich habe dich ja so vermißt!" Ihre Stimme war beinahe ein Flüstern. Sie hielt meine beiden Hände fest in den ihren und wandte keinen Blick von meinem Gesicht.

Alle wollten wissen, wie es mir ging. Ich hatte nicht vor, ihnen den wahren Grund zu verraten, warum ich im Krankenhaus war, versicherte ihnen aber, daß es nichts mit den Kriegsverletzungen zu tun habe. „Alle müssen zuerst hierher, wenn sie aus Vietnam kommen", sagte ich.

„Was machen sie denn mit dir?" fragte Sharon.

„Ach, weißt du, am Anfang, wenn du Soldat wirst, bekommst du eine gründliche Gehirnwäsche. Darum müssen sie dich hinterher erst wieder normal machen, ehe sie dich zurück in die Gesellschaft lassen." Alle drei schienen meiner Geschichte Glauben zu schenken.

Weil meine Eltern dabei waren, konnten Sharon und ich uns nicht ungestört unterhalten, aber bevor die kurze Besuchszeit zu Ende ging, zog ich sie auf die Seite und sagte ihr, wie sehr ich sie liebe. „Ich brauche bestimmt nicht allzulange hier zu bleiben", versicherte ich ihr. „Ich halte dich auf jeden Fall auf dem laufenden."

Es sollte jedoch sechs Monate dauern, ehe ich sie wiedersah. Jeden Tag aufs neue versuchten Dr. Williams und die Gruppe, mich „weich" zu kriegen, aber ich wehrte mich, klein beizugeben. Nach ihrer Psychologie mußten wir immer nur zurückschauen, aber ich hatte überhaupt keine Lust, mich mit den Dingen der Vergangenheit zu beschäftigen. Wozu mir noch einmal die vielen häßlichen Diskussionen mit meinen Eltern ins Gedächtnis rufen? Wozu mich an das sinnlose Töten erinnern und an die Kameraden, die ich verstümmelt und zerfetzt gesehen hatte? Das einzige, was ich mir wünschte, war ein neuer Anfang. Ich wollte aus der Marine entlassen werden, nie mehr an Vietnam denken müssen, sondern statt dessen mit Sharon ein ganz neues Leben beginnen.

Ich rebellierte gegen jede Autorität, die mich zwingen wollte, mich den Gesetzen des Militärlebens zu unterwerfen. Morgens nach dem Frühstück mußte jeder von uns seinen Bereich im Krankenhaus saubermachen. Ich weigerte mich. „Ries, Sie Sohn einer ——, machen Sie, daß Sie an die Arbeit kommen", fuhr mich ein Sanitäter an.

„Ich denke nicht daran!" fauchte ich zurück.

„Was glauben Sie eigentlich, wer Sie sind?"

„Ich glaube, daß ich Raul Ries bin, Mann! Machen Sie die Arbeit gefälligst selber!"

Dr. Williams' Reaktion darauf war, daß er mir mitteilte, meine „Freiheit" sei mir „entzogen" worden. Das bedeutete im Klartext, daß ich keinen Ausgang mehr bekommen würde. Es dauerte nicht lange, bis ich begriff, daß Saubermachen einmal am Tag kein schlechter Tausch gegen ein paar Stunden der Freiheit war.

Nichts aber konnte mich dazu bewegen, das Gruppentherapie-Spiel mitzumachen. Dr. Williams fügte meinem Tagesplan noch einige zusätzliche „Privatstunden" hinzu, in denen er aber ebenfalls nicht weiterkam. Was er nicht wußte, was ich vielmehr nur Sharon gegenüber in meinen Briefen durchblicken ließ, war die Tatsache, daß das Leiden um mich herum mich keineswegs kalt ließ. Nach außen hin gab ich mich zwar weiterhin rebellisch und aufbegehrend, aber innerlich war mir oft genug zum Weinen zumute angesichts der vielen Männer, die mit gebrochenem Herzen und zerbrochenem Gemüt herumliefen, gefangen in ihrer Vergangenheit und den Schrecken des Krieges, viele von ihnen ohne Hoffnung auf eine glückliche Zukunft.

Trotzdem sah ich ihren Zustand nicht als meinen eigenen an. Ich wollte nichts mehr mit der Marine zu tun haben, und der einzige Ausweg, den es meiner Meinung nach gab, bestand darin, mich einfach ihren Regeln zu widersetzen.

Schließlich gab Dr. Williams auf. Eines Tages ließ er mich zu sich kommen und teilte mir mit, er habe einen Brief ans Pentagon geschrieben. „Wollen Sie wissen, zu welchem Schluß ich gekommen bin?" fragte er.

„Ja, das möchte ich wirklich gern wissen", erwiderte ich hohnlächelnd.

„Sie sind ein Schwindler. Sie haben die ganze Sache nur vorgetäuscht."

„Was soll ich vorgetäuscht haben?"

„Diese ganze Geschichte mit dem Haß. Sie haben Ihre Geisteskrankheit selbst fabriziert, um aus der Armee entlassen zu werden."

„Ich weiß überhaupt nicht, wovon Sie reden."

„Sie wissen sehr wohl, wovon ich rede. Mich können Sie nicht für dumm verkaufen. Ich habe dem Ministerium in meinem Schreiben eine unehrenhafte Entlassung empfohlen. Melden Sie sich in Camp Pendleton, bis Ihre Papiere bearbeitet sind." Aus dem stahlharten Blick seiner Augen konnte ich entnehmen, daß der den Eindruck hatte, den sonderbaren Kampf mit meinem Willen verloren zu haben.

Camp Pendleton, wo das ganze Elend der letzten beiden Jahre begonnen hatte, glich mehr oder weniger einem Gefängnis. Ich fing sofort an, sämtliche Vorschriften zu übertreten. Ich weigerte mich, meine Uniform zu bügeln. Ich erschien nicht zum Anwesenheitsappell. Ich dachte nicht daran, irgendwelchen Befehlen Folge zu leisten. Wozu mir denn Mühe gegen, wenn ich sowieso mit einer unehrenhaften Entlassung zu rechnen hatte? Natürlich bekam ich dafür an den Wochenenden auch keinen Ausgang.

Ich wurde von der Allgemeinheit abgesondert, und während die anderen Marineinfanteristen Märsche unternahmen und Kriegsspiele vollführten, mußte ich die Kasernen saubermachen und andere niedrige Arbeiten verrichten. Ich versuchte mich zu drücken, wo ich nur konnte, und irgend jemand mußte andauernd auf mich aufpassen, um mich einigermaßen im Zaum zu halten.

Das alles hinderte mich jedoch nicht daran, Camp Pendleton zu verlassen und Sharon zu besuchen. Am Freitag abend begab ich mich bei Sonnenuntergang zum diensthabenden Feldwebel in der Kaserne.

„Hören Sie, Mann, ich gebe Ihnen zwanzig Dollar, wenn Sie mich hier rauslassen."

Der Feldwebel musterte mich kühl. „Zeigen Sie mal das Geld."

Ich zog einen zerknitterten Zwanzigdollarschein aus der Tasche, den er mir mit einer raschen Bewegung aus der Hand riß. „Hau ab, Mann!"

Ich machte, daß ich fortkam, und fuhr per Anhalter nach Baldwin Park. Meine Eltern waren überrascht, mich zu sehen. Ich gab jedoch keine langen Erklärungen ab, lief vielmehr sofort zum Telefon und wählte Sharons Nummer. Sie war selbst am Apparat.

„Raul! Wo bist du?"

„Ich komme vorbei und hole dich ab!"

„Prima! Aber wieso . . . .?"

„Ich erzähle es dir später!"

Endlich war ich mit Sharon allein. Wie hatten wir beide unter der Trennung gelitten und uns nacheinander gesehnt! Aber Sharon zeigte mehr Selbstbeherrschung als ich. „Bitte, Raul, laß mich!"

„Warum denn? Ich liebe dich doch!"

„Das weiß ich. Trotzdem – laß das bitte!"

„Hat es mit deiner Religion zu tun?"

„Hör zu, Raul: Gott hat den Geschlechtsverkehr der Ehe vorbehalten, und wenn man ihn außerhalb der Ehe vollzieht, führt das nur zu Kummer und Herzeleid."

„Ich will dich aber doch heiraten!"

„Ich kann noch nicht ans Heiraten denken. Ich gehe noch aufs College. Außerdem ist es mein größter Wunsch, vorher noch nach Chile zu fahren."

Ich ließ sie los, sagte aber halb scherzend: „Ich werde dich einfach schwängern, dann mußt du mich heiraten!"

„Mach keinen Quatsch!" lachte sie. „Das wird dir niemals gelingen!"

Bald hatten wir einen Plan für unsere wöchentlichen Treffen entwickelt: Jeden Freitagabend bestach ich die Wache in Camp Pendleton und machte mich auf den Weg zu Sharon. Am Montagmorgen kam ich dann in der gleichen aufsässigen Verfassung wieder in der Kaserne an. Es war ein merkwürdiges Spiel, das ich trieb, aber obwohl ich jedesmal das Gesetz übertrat, fühlte ich mich keineswegs schuldig. Für mich zählten nur die paar Stunden, in denen ich mit Sharon zusammen sein konnte. Dann schienen alle Sorgen dieser Welt wie weggeblasen. Meine Liebe zu ihr war wie eine Oase des Friedens inmitten einer stürmischen See der Wut und Rebellion. Sharon besänftigte mich, sie ließ mich zur Ruhe kommen. Ohne daß ich ihr Einzelheiten zu erzählen brauchte, schien sie zu verstehen, daß ich Furchtbares in Vietnam durchgemacht hatte. Ich sagte ihr nichts davon, wie oft mein Schlaf von furchtbaren Alpträumen unterbrochen wurde, aus denen ich schweißgebadet aufschreckte. Von neuem schlich sich „Charlie" an mich heran, oder ich durchlebte noch einmal den Tod eines meiner Kameraden. Ich sah Ron verstümmelt am Boden liegen, hörte die Schreie der verwundeten Männer . . . . . das Dröhnen des Geschützfeuers . . . . . das Knallen der Gewehrschüsse. Doch alle diese schrecklichen Erinnerungen schwanden dahin, wenn ich mit Sharon zusammen sein konnte.

Am Wochenende vor Ostern wollten wir mit einigen Freunden und Verwandten am Strand kampieren. Sharon holte mich mit dem Minibus ihrer Mutter ab, und wir fuhren zum vereinbarten Treffpunkt. Aber keiner von den anderen ließ sich blicken. Je später es wurde, desto aufgeregter wurde Sharon. Ich versuchte, sie mit meinen Küssen zu beruhigen, aber sie wich meinen Annäherungsversuchen aus. „Warum bist du so nervös?" fragte ich sanft. „Ich tue dir bestimmt nichts!"

„Ich meine, wir sollten fahren."

„Wohin denn? Ist dies nicht der Platz, an dem wir uns alle treffen wollten?"

„Was werden die anderen denken, wenn sie uns zusammen im Bus sehen?"

„Darüber machst du dir Sorgen? Sie wissen doch alle, daß wir verliebt sind."

Schließlich, irgendwann nach Mitternacht, konnte Sharon nicht mehr länger widerstehen, und wir erlebten einige unbeschreiblich schöne Augenblicke der Leidenschaft. Ich war noch nie so glücklich gewesen und fühlte mich nur um so mehr in dem Vorsatz bestärkt, Sharon für immer zu besitzen.

Als ich sie drei Wochen später wieder zu Hause besuchte, kam sie mir wesentlich stiller vor. Nachdem ihre Eltern für kurze Zeit das Haus verlassen hatten, um etwas zu besorgen, fing sie an zu weinen. „Nanu, Mädchen, was ist los?" fragte ich.

„Raul . . . . . ich . . . . ." Ihre Stimme brach ab.

„Was hast Du? Sag es mir!"

„Ich . . . . . ich bekomme ein Baby!"

„Wirklich? Das ist ja toll!"

„Ich bin schwanger, Raul, hörst du? Du hast es tatsächlich geschafft!"

Ich hob sie hoch und schwang sie übermütig im Zimmer herum. Was war das für eine großartige Neuigkeit! „Warum weinst du denn, Schatz? Jetzt heiraten wir einfach!" Ich setzte sie sanft wieder auf den Boden. „Willst du mich heiraten, Sharon?"

„Raul, du mußt nicht denken, daß du mich jetzt heiraten mußt, nur weil ich schwanger bin."

„Spinnst du? Ich *will* dich doch heiraten!"

Immer noch unter Tränen flüsterte sie: „Ich hoffe nur, daß Gott daraus noch etwas Gutes machen kann."

Ich hob ihr Kinn hoch, so daß sie mir in die Augen sehen mußte. „Natürlich wird alles gut. Dafür wollen wir schon sorgen!"

Dann fragte ich sie, ob ihre Eltern Bescheid wüßten. Sie schüttelte verneinend den Kopf. „Es würde ihnen das Herz brechen!"

„Mach dir jetzt nur keine Sorgen mehr. Bestimmt bekomme ich für diesen Zweck frei, und wir können in ein paar Wochen heiraten. Wer weiß? Vielleicht werde ich sogar bis dahin entlassen."

In wenigen Wochen waren alle Vorbereitungen zur Hochzeit getroffen. Ungeachtet der Art und Weise, wie es zu unserer Verlobung gekommen war, fühlte ich mich überglücklich. Wie lieb ich Sharon hatte! Die extremen Gefühlsschwankungen, denen ich in Vietnam ausgesetzt gewesen war, hatten in mir eine tiefe, brennende Liebe zu ihr bewirkt. Ich war glücklich, sie heiraten zu können. Jetzt würde für mich ein ganz neues Leben beginnen. Mit Sharon an der Seite würde ich das Glück eines eigenen Hausstandes genießen. Unser Heim würde ein Heim des Friedens sein . . . . . so wie Mamacitas.

8

VERSPROCHEN, ABER NICHT GEHALTEN

Unsere Hochzeit fand an einem klaren, wunderschönen Julinachmittag statt. An die fünfhundert Leute waren zu dem festlichen Ereignis in die Kirche geströmt. Sharon hatte ihre Schwangerschaft bisher geheimgehalten, um ihren Eltern die Verlegenheit zu ersparen. Ich wußte, daß es Sharons Vater lieber gewesen wäre, wenn sie zuerst ihre Schulausbildung abgeschlossen und dann geheiratet hätte. Als er aber sah, daß ihr Entschluß feststand, befürwortete auch er diesen Schritt und stellte sich bewußt hinter sie. Ihre Mutter tat so, als ob alles in Ordnung sei, aber hin und wieder ließ sie eine Bemerkung fallen, die darauf hindeutete, daß sie vielleicht doch um Sharons Geheimnis wußte. Auf jeden Fall nahmen mich beide, ihr Vater und ihre Mutter, mit Herzlichkeit und Liebe als zukünftigen Schwiegersohn auf. Meine Eltern ihrerseits liebten Sharon über die Maßen.

Meine Entlassungspapiere waren noch nicht in Camp Pendleton eingetroffen, aber ich bekam drei Tage Sonderurlaub für die Hochzeit. So stand ich, hoch aufgerichtet und stolz, vorn in der Kirche und sah zu, wie die hübschen Brautjungfern gleich zarten Strahlen in einem pastellfarbenen Regenbogen langsam durch den Mittelgang auf den Altar zugeschritten kamen. Die Musik schwoll an, und die Gemeinde erhob sich von ihren Plätzen. Dann sah ich

Sharon wie einen Traum in Weiß am Arm ihres Vaters auf mich zuschweben.

Ein starkes Glücksgefühl durchströmte mich. Ich wußte, daß sie die vollkommene Ehefrau sein würde. Während sie mit anmutigen Bewegungen den Gang hinunter auf mich zugeschritten kam, konnte ich nicht umhin zu denken: *Was bis du doch für ein Glückspilz, Ries. Diesmal hast du wirklich ins Schwarze getroffen!* Als Sharon bis zum Altar gekommen war und nun meine Hand nahm, bemerkte ich, daß sie geweint hatte, was sie jedoch mit einem gezwungenen Lächeln zu überdecken versuchte. Andächtig sprachen wir unsere Ehegelübde nach, wie es bei einer Trauung Sitte ist. Ich dachte allerdings weniger über die Worte nach, sondern richtete mein Hauptaugenmerk lieber auf Sharons hübsches Gesicht. „Du bist wunderschön", flüsterte ich ihr ins Ohr.

„Bitte, paß auf!" flüsterte sie zurück.

Ich weiß, daß es mir in jenen Augenblicken ernst damit war, Sharon bis an mein Lebensende lieben, ehren und für sie sorgen zu wollen. Auch Sharon sprach ihr Ehegelübde mit vollem Ernst, aber in einer Weise, die ich nicht recht verstand. Es war so, als wenn sie sich mit ihrem Versprechen einem anderen zuwenden würde. Ja, bevor uns der Pastor als Mann und Frau der Gemeinde präsentierte, kam es mir tatsächlich so vor, als ob sie meine Gegenwart gar nicht richtig wahrnähme. Dann plötzlich glitt ein strahlendes Lächeln über ihr Gesicht, so als ob in ihrem Innern ein Licht angegangen wäre. Die Tränen, die sie jetzt vergoß, waren Tränen der Freude. Ich hatte sie noch nie so schön gesehen.

Nachdem wir uns verabschiedet und allen noch einen Gruß zugewinkt hatten, schüttelten wir den Reis aus Haaren und Kleidern und machten uns vergnügt auf den Weg in ein ruhig gelegenes Hotel. Dort genossen wir es, endlich in privater Atmosphäre allein zu sein. Alles schien perfekt . . . . . bis zum Montag morgen, als ich wieder nach Camp Pendleton zurück mußte.

Sharon mietete eine gemütliche kleine Wohnung für uns in Anaheim. Sie hängte bunte Vorhänge auf, besorgte die notwendigen Möbel und richtete ein Kinderzimmer für unser erstes Baby ein. Sooft ich mir den Weg aus Camp Pendleton freikaufen konnte, half ich ihr dabei. Als sie wissen wollte, warum ich immer so spät nach

Hause käme, sagte ich, man würde uns erst nach Sonnenuntergang gehen lassen, und ich müsse bereits vor dem Frühstück wieder in der Kaserne sein. Sharon kam nie auf den Gedanken, daß ich das Lager illegal verließ. Sie dachte, meine Arbeitszeit sei für Angehörige des Militärs ganz normal.

Zum Glück dauerte diese Situation nicht lange an. Mitte August trafen meine Entlassungspapiere aus Washington ein, und ich wollte meinen Augen nicht trauen, als ich las: „Raul Ries wird hiermit auf Anordnung der Regierung ehrenhaft aus dem Marineinfanteriekorps der Vereinigten Staaten entlassen." Was für eine Überraschung! Als ich Sharon das Schreiben zeigte, konnte ich mich des Gedankens nicht erwehren, daß ein Wunder geschehen sein mußte. Anders konnte ich mir die Sache nicht erklären. Ich hatte mich für vier Jahre Militärdienst verpflichtet und nur zwei davon abgeleistet. Als Dr. Williams mir dann noch mitgeteilt hatte, was er ans Pentagon geschrieben habe, gab es wirklich keinen Grund mehr zu der Annahme, ich könne ehrenhaft entlassen werden –, besonders dann nicht, wenn man mein Betragen in Camp Pendleton bedachte.

Endlich war ich frei, um wieder ein normales Leben führen zu können. Es fiel mir nicht schwer, mir meinen Lebensunterhalt zu verdienen. Ich war ein „Wühler" und fand schnell zwei Arbeitsstellen in Los Angeles als Bote bei zwei verschiedenen Banken. Ich war freundlich, und man sah mich meistens lächeln. Alle hatten Raul Ries gern.

Dennoch hatte ich nicht die Absicht, mich auf die Dauer für solch niedrige Arbeiten herzugeben. Wenn Sharon und ich abends zusammensaßen, sprachen wir über unsere persönlichen Wünsche und Vorstellungen. Ich wollte gern ein College besuchen, aber mich daneben auch wieder dem Kampfsport zuwenden. Wenn ich noch ein paar Jahre Kung Fu betreiben würde, konnte ich bestimmt einen Schwarzen Gürtel erwerben. Dann würde ich selber ein Kung Fu-Studio eröffnen, und wir würden nur so im Geld schwimmen. Doch wollte ich es dabei keineswegs bewenden lassen, sondern weitertrainieren, bis ich den Schwarzen Gürtel 8. Grades erreichen würde, das Zeichen eines Meisters im Kampfsport –, die höchste erreichbare Stufe überhaupt.

Sharon unterstützte mich in meinen Wunschträumen, weil sie darin eine gesunde Möglichkeit sah, die Lust am Kämpfen, die ich schon seit Jahren verspürte, in die richtigen Bahnen zu lenken. Ihr größter Wunsch war es, nach Lateinamerika zurückzukehren, wo sie viele Jahre ihres Lebens verbracht hatte. „Das ist prima!" sagte ich. „Wir können ja nach Mexiko oder Chile ziehen, und ich mache dort ein Kung Fu-Studio auf."

Da ich wußte, daß Sharon sehr viel Wert auf ihre Religion legt, ermutigte ich sie, sich nach einer Kirche umzusehen, die wir sonntags gemeinsam besuchen konnten. An den meisten Sonntagen gingen wir auch beide zum Gottesdienst. Ich kann zwar nicht behaupten, daß das für mich ein Höhepunkt in der Woche war, aber es machte mir auch nicht allzuviel aus.

In den ersten Monaten unserer Ehe war mein Jähzorn scheinbar zur Ruhe gekommen. Hin und wieder reagierte ich zwar noch mit übermäßiger Heftigkeit, wenn Autofahrer sich im Verkehr unhöflich verhielten. Und wenn mich irgend jemand anrempelte, hätte ich ihn am liebsten zusammengeschlagen. Aber im allgemeinen war ich damit zufrieden, ein fleißiger junger Familienvater zu sein, und ich ging ganz in meiner Arbeit und im Geldverdienen auf.

Unsere Hochzeit und die Aussicht auf einen zukünftigen Enkel hatten mein Verhältnis zu meinen Eltern mehr oder weniger verbessert. Meine Angehörigen waren bei unserer Hochzeitsfeier nicht zu übersehen gewesen, und jetzt kamen sie ab und zu vorbei, um ein paar Stunden mit uns in Anaheim zu verbringen. Unsere Beziehung war friedlich, wenn auch sehr oberflächlich –, bis zu jenem Tag, an dem mein Vater mit einer Sechserpackung Bierflaschen unter dem Arm vor unserem Haus aufkreuzte.

Als ich die Bierflaschen bemerkte, überfielen mich die Erinnerungen an meine Kindheit wie ein Sturzbach. Wenn ich meinen Vater jetzt in die Wohnung lassen und er anfangen würde zu trinken, dann wäre er in ein paar Stunden nicht mehr wiederzuerkennen. Er würde fluchen, uns beschimpfen, meine Mutter drangsalieren –, nein, ich wollte nichts mit diesem Mann zu tun haben. So wehrte ich, noch bevor er hereinkommen konnte, mit erhobenen Händen ab: „Halt! In meinem Haus wird kein Bier getrunken!"

Mein Vater meinte, nicht richtig gehört zu haben. „Was hast du gesagt?"

„Du hast es gehört. Ich möchte nicht, daß du Bier in mein Haus hereinbringst."

„Da sieh mal einer an! Mein eigener Sohn verbietet mir, in seine Wohnung zu kommen. Was soll das eigentlich? Meinst du, du wärest zu gut für mich? Ich will dir mal was sagen: Ich kann trinken, wo ich will . . . . ."

Während Vater mit einer Flut von Schimpfworten über mich herfiel, spürte ich, wie die alte Wut in mir hochstieg. Sie wuchs und nahm zu und weckte in mir den Wunsch, dieses Problem so wie früher mit meinen Fäusten zu lösen. „Mach, daß du aus meinem Haus wegkommst!" sagte ich, bemüht, meinen Zorn nicht allzuoffen zu zeigen. Aus den Augenwinkeln heraus sah ich, wie Sharon, das Gesicht leichenblaß vor Furcht, sich aus dem Zimmer zurückzog. Ihre Angst machte mich nur noch wütender. „In *meinem* Haus wird nicht getrunken. Dieses ist *meine* Wohnung. *Ich* bezahle die Miete. Pack dein —— Bier und hau ab!"

„Oh, ich verstehe! Das kleine Frauchen, das du geheiratet hast, hat dich am Gängelband. Sie ist ja so religiös, und du bist nicht Manns genug, um dich durchzusetzen!"

„Laß gefälligst Sharon aus dem Spiel!" Mit geballter Faust vor ihm stehend, fuhr ich fort: „Wenn du je etwas sagst oder tust, was sie verletzen könnte, bring ich dich um!" Kalt und klar kamen die Worte über meine Lippen, und ich meinte es wirklich ernst.

Einige Augenblicke lang starrten wir uns gegenseitig an, dann drehte Vater sich abrupt um. Während er mit Mutter zum Wagen zurückging, schleuderte er mir systematisch alle Flüche und Schimpfworte ins Gesicht, die ich von früher kannte, dazu noch ein paar neue, die ich noch nie von ihm gehört hatte.

Nach jenem Zwischenfall hatten wir kaum noch Kontakt mit meinen Eltern, abgesehen von den wenigen ungemütlichen Begegnungen, wenn Sharon mich zu einem Besuch überredete. Ich hätte am liebsten ganz darauf verzichtet, denn ich hatte ja meine Frau und brauchte keine sonstigen Angehörigen. Sharon jedoch, die in einer Atmosphäre von Liebe und Geborgenheit aufgewachsen war, konnte nicht begreifen, warum ich meinen Eltern so total aus dem Wege ging, obwohl sie natürlich so gut wie ich wußte, daß alle unsere Besuche mit zornigen Worten endeten. Vielleicht wäre es eine Hilfe gewesen, wenn wir uns einmal über meine Gefühle hätten aussprechen können. Aber dieses war ein Gebiet, auf dem ich mich Sharon gegenüber nicht öffnen konnte, und so erfuhr sie nie etwas über meinen Jähzorn und meine versteckten Ängste. Außer von meiner Familie, fühlte ich mich auch von den Erinnerungen an Vietnam verfolgt. Manchmal führten sie zu furchtbaren Alpträumen, in denen ich wieder im Schlamm der Reisfelder lag und die scheußlichen Blutegel sich an meinem Körper festbissen, während mir die Ohren vom Gedröhn eines Bombenangriffs weh taten. Dann sah ich, wie Ron oder Tony oder irgendein anderer Kamerad von einer Mine zerfetzt wurde, und ich mußte ihre abgerissenen Gliedmaßen in einen Plastikbeutel stecken ..... Gewöhnlich wachte ich von meinem eigenen Schreien auf, woraufhin mich Sharon in die Arme nahm und mit tröstender Stimme sagte: „Es ist ja alles gut, Raul. Es passiert dir überhaupt nichts!"

Spät an einem Abend im Dezember rief mich Sharon auf der Arbeitsstelle an. „Raul ..... komm bitte sofort ins Krankenhaus. Ich glaube, es ist so weit, das Kind kommt!" Ängstlich und glücklich zugleich wie alle Eltern, die der Geburt ihres ersten Kindes entgegensehen, fuhr ich auf schnellstem Wege ins Krankenhaus. Ich war nervös, aufgeregt und absolut unfähig stillzusitzen. Wenige Stunden später kam Raul Ries jun. auf die Welt, gesund und kräftig schreiend.

Die Geburt eines Kindes wird für mich immer ein Wunder bleiben. Als ich zum ersten Mal meinen kleinen Sohn im Arm hielt, verspürte ich eine bisher nie gekannte weiche Regung in meinem Innern. Voller Bewunderung betrachtete ich das winzige Gesicht und staunte über die Vollkommenheit der Händchen und Füßchen. Ich war dankbar und glücklich und voller Freude am Leben.

Die seelischen Verletzungen der Vergangenheit waren fürs erste vergessen. Meine Eltern sowie Sharons Angehörige gaben sich in dem kleinen Krankenzimmer ein Stelldichein. Auf Sharons Nachttisch und auf der Kommode häuften sich die Gebinde aus blauen und weißen Blumen. Das Sonnenlicht strömte durch die blitzblanken Fenster herein und schien an unserer Freude teilhaben zu wollen.

Als ich an jenem Abend nach Hause kam, kroch ich sofort ins Bett. Es war ein anstrengender Tag gewesen, und ich fiel bald in einen tiefen Schlaf. Im Traum sah ich wieder meine Frau vor mir, wie sie müde, aber mit einem glücklichen Lächeln unseren Sohn in ihren Armen hielt. Die schweren Stunden, in denen sie Klein-Raul unter Schmerzen in diese Welt geboren hatte, waren vergessen. Unsere Blicke trafen sich, und wir verspürten ein ganz neues Gefühl des Einsseins. Doch langsam verschwand Sharons liebliches Gesicht, und an seine Stelle trat das schreckliche Bild einer vietnamesischen Mutter, die mit einem lautlosen Schrei auf ihrem starren Gesicht ihr neugeborenes Baby an sich gepreßt hielt. Beide lagen tot im Schlamm.

Ich fuhr aus meinem Alptraum hoch und fand mich schweißgebadet in meinem eigenen Bett wieder. Ein Gefühl der Übelkeit im Magen ließ mich für den Rest der Nacht keinen Schlaf mehr finden. Die Schuld begann an meinem Gewissen zu nagen. Vergebens versuchte ich, sie zu verdrängen. „Ich habe schließlich nur meine Pflicht getan . . . . . sonst nichts." Mit diesen Worten wollte ich mich gegen die Erinnerungen verteidigen, die mich mit unsichtbarer Gewalt überfallen hatten. Aber mein Gewissen ließ mich nicht zur Ruhe kommen. Durch die Geburt meines Sohnes hatte meine gewalttätige Vergangenheit eine ganz neue Perspektive erhalten.

Die ersten glücklichen, aber ziemlich schlaflosen Wochen mit Klein-Raul zu Hause gaben den Anstoß, daß ich nicht mehr regelmäßig zur Kirche ging. Bei zwei Arbeitsstellen, wozu noch die Collegestunden und der Kung Fu-Unterricht kamen, ergab es sich fast von selbst, daß ich am Sonntagmorgen, meinem einzigen freien Tag, länger schlief. Manchmal schlich Sharon sich in der Frühe aus dem Haus, um zum Gottesdienst zu gehen. Meistens war sie schon zurück, ehe ich aufstand, so daß wir den Rest des Sonntags zusammen verbringen konnten.

Sechs Monate nach Rauls Geburt erfuhr Sharon, daß sie wieder schwanger war. Eines Abends fragte sie wie von ungfähr: „Warum ziehen wir eigentlich nicht wieder nach Covina?" Es war keine direkte Bitte, sondern eher ein zart geäußerter Wunsch. Ich sah ihr zu, wie sie Klein-Raul in den Schlaf wiegte. Ein sanftes Lächeln spielte um ihren Mund. Ich wußte, was sie empfand: Ihre Mutter in der Nähe zu haben, würde die Zeit der Schwangerschaft noch viel wertvoller für sie machen.

Da ich in Los Angeles arbeitete, spielte es eigentlich keine Rolle, wo wir wohnten. Ja, mein Weg zur Arbeit würde sogar nur halb so weit sein, wenn wir uns im San Gabriel-Tal eine Wohnung suchten. Mit wachsendem Interesse dachte ich über einen Umzug nach. „Du hast recht, Schatz. Wir wollen uns Gedanken darüber machen."

Innerhalb weniger Wochen wohnten wir wieder in Covina, und ich beschloß, eine neue Arbeitsstelle in dem Lebensmittelgeschäft anzunehmen, in dem ich schon als Junge ausgeholfen hatte. Unsere kleine Familie paßte gut in das neuerbaute Wohnviertel hinein, in dem wir eine Mietwohnung gefunden hatten. Es gab dort noch mehr Kleinkinder und jungverheiratete Ehepaare. Zudem waren meine alten Freunde nur einen Telefonanruf weit entfernt!

Es machte Spaß, ein Baby zu haben, und es war auch schön, ein zweites zu erwarten. Trotzdem konnte ich mich nicht über eine zunehmende Rastlosigkeit hinwegtäuschen. Ich vermißte die aufregende Zeit von damals, als ich der größte Rowdy von Baldwin Park, West Covina und der ganzen Umgebung gewesen war. Es verschaffte dem eigenen Ich wahrlich nicht gerade Befriedigung, den ganzen Tag lang Regale aufzufüllen oder an der Kasse zu sitzen und dann abends noch ein schreiendes Kind beruhigen zu müssen.

Eines Abends, als Sharon zum Einkaufen gegangen war, griff ich zum Telefonhörer und wählte eine bekannte Nummer. „Tom? He du, hier spricht Raul! Wie geht's dir?"

„Raul! Wo bist du? Toll, deine Stimme zu hören!"

„Ich bin zu Hause. Sharon und ich sind vor kurzem wieder nach Covina gezogen." Ich hatte nicht unbedingt die Absicht, Tom in allen Einzelheiten über mein mittelmäßiges Leben als Familienvater zu informieren, deshalb fragte ich schnell: „Wie ist es dir denn ergangen?"

„Ich bin gerade von Vietnam zurückgekommen. Habe den Rücken zerschossen."

„Was?"

„Das ist kein Witz, Mann! Ich habe eine AK-47 in den Rücken bekommen. Dadurch ist mein Bein übel zugerichtet worden. Aber ich kann wenigstens noch Motorrad fahren. Übrigens, was hast du am Freitag abend vor?" Der bittere Klang verschwand aus Toms Stimme, als er mir erzählte, daß einige aus unserer ehemaligen Gruppe sich an der Imbißbude treffen wollten. „Willst du nicht auch vorbeikommen?"

„Prima Idee! Bis dann, Junge!"

Bald darauf kam Sharon zurück, schwer beladen mit Lebensmitteln und Kartons voll Wegwerfwindeln. Ich war eben im Begriff, ihr von Toms Anruf zu erzählen, besann mich aber eines anderen. *Was sie nicht weiß, macht sie nicht heiß,* überlegte ich.

Während der nächsten paar Tage freute ich mich immer mehr darauf, meine alten Freunde wiederzusehen. Am Freitag abend erklärte ich Sharon, ich hätte einiges zu erledigen und würde in ein paar Stunden zurück sein. Sie schien verwundert, sagte aber nicht viel dazu.

Bei der Imbißbude angekommen, schien es, als habe sich überhaupt nichts verändert. Wir waren zu sechst, die mit Appetit unsere Hamburger verspeisten und in Erinnerungen an die „gute alte Zeit" schwelgten. Wir brüsteten uns mit unseren Abenteuern mit Mädchen, mit den Schlägereien und den Zusammenstößen mit der Polizei. Bevor der Abend zu Ende war, hatten wir dann tatsächlich einige dieser Abenteuer von neuem durchlebt.

Um 2 Uhr nachts kam ich nach Hause. Mein Hemd wies ein paar Risse von einer kleineren Keilerei auf, zudem war ich angetrunken. Sharon war noch auf und empfing mich mit vom Weinen geröteten Augen. „Wo warst du?" fragte sie. Ihre Stimme klang traurig und erschreckt zugleich.

„Ich war fort." Mit dieser knappen Erklärung ging ich schnell an ihr vorbei und begab mich ins Bett.

Am nächsten Morgen versuchte Sharon noch einmal, mit mir zu reden. „Wo warst du gestern abend?" fragte sie. „Warum bist du die halbe Nacht fortgeblieben? Warum hast du mich nicht wenigstens angerufen?" Sie war traurig, zugleich aber klang auch ein verhaltener Ärger aus ihrer Stimme. Ich hatte meiner Frau nie etwas über meine schmutzige Vergangenheit erzählt und hatte auch jetzt nicht die Absicht, es zu tun. Schließlich wußte ich ganz genau, daß sie mit meinen nächtlichen Unternehmungen nicht einverstanden sein würde. Je mehr sie deshalb versuchte, mir eine Erklärung abzuringen, desto sturer wurde ich. Schließlich schob ich sie in meiner Verzweiflung ein wenig zu heftig beiseite und lief zur Haustür hinaus. Im siebten Monat schwanger, wäre sie beinahe gestürzt, konnte sich aber gerade noch an einem Stuhl festhalten.

Als ich am Abend nach Hause kam, empfing mich eisiges Schweigen in der Wohnung. Einen kurzen Moment lang fühlte ich mich sogar schuldig. „Hallo! Du, es tut mir leid. Ich wollte dich nicht schubsen. Bist du okay?" Statt einer Antwort nickte sie kurz mit dem Kopf. „Ich habe gestern abend zufällig ein paar alte Freunde getroffen", fuhr ich erklärend fort. „Es war wirklich nichts Besonderes."

Durch diesen Abend hatte ich jedoch wieder Gefallen an der alten Lebensweise gewonnen und traf mich von nun an regelmäßig mit Tom und den anderen Kameraden. Wenn Sharon sich darüber beschwerte, daß ich so spät nach Hause kam, dachte ich: *Sie gönnt mir auch überhaupt nichts.* Dadurch erhielt das Feuer, das bereits in mir schwelte, neue Nahrung. Der alte Jähzorn war plötzlich wieder da, und nichts konnte mich davon abhalten, ihn an irgendeinem unglücklichen Menschenkind abzulassen.

Manchmal war Sharon die Leidtragende. Unser anfängliches Eheglück war bereits am Schwinden, und unser Zusammenleben gestaltete sich immer mehr zu einer Brutstätte von Streitereien und Auseinandersetzungen. Immer öfter kam es vor, daß ich Sharon in den Arm oder Nacken kniff, sie quer durchs Zimmer zerrte oder gegen eine Wand stieß. Dabei konnte ich mich immer noch rühmen, sie nie richtig geschlagen zu haben. Immerhin hatte meine Mutter wesentlich Schlimmeres von meinem Vater zu erdulden. Trotzdem entschuldigte ich mich meistens, wenn Sharon anfing zu weinen, bis sie nach einiger Zeit sagte: „Warum entschuldigst du dich eigentlich, wenn du es doch wieder tust? Du brauchst nicht „Entschuldigung" zu sagen. Erst wenn du dich änderst, glaube ich dir, daß es dir leid tut."

Ein Jahr, nachdem Shane auf die Welt gekommen war, konnte

man uns nicht mehr als glückliche Familie bezeichnen. Ich entfernte mich äußerlich und auch innerlich immer weiter von Sharon und den Kindern. Und um einen Ausgleich zu haben, ging Sharon nun häufiger als früher zur Kirche. Manchmal bat sie mich mitzugehen, weil es für sie allein schwierig war, mit zwei kleinen Jungen zurechtzukommen. Ich lehnte ab mit der Begründung, daß der Sonntagmorgen für mich, der ich neben meiner Arbeit zum College ging und außerdem sehr in den Kung Fu-Unterricht eingespannt war, die einzige Gelegenheit sei, einmal auszuschlafen. Nun fing Sharon auch noch an, wochentags die Bibelstunde zu besuchen, und oft fand ich sie, wenn ich abends nach Hause kam, zusammengekauert in ihrem Lieblingssessel sitzend vor, wie sie die Bibel las oder betete. Das machte mich wütend, obwohl sie die Bibel jedesmal aus der Hand legte, wenn ich zur Tür hereinkam. Manchmal ärgerte ich sie mit beißenden Bemerkungen, die darauf hinausliefen, sie wolle wohl besser sein als ich, nur weil sie mehr von Religion halte.

Inmitten all dieser häuslichen Auseinandersetzungen wuchs das Schuldgefühl in meinem Innern immer mehr. Ich wußte ganz genau, daß Sharon eine vorbildliche Ehefrau und Mutter war. Unsere Kinder wurden liebevoll umsorgt, waren stets gut angezogen und fühlten sich, obwohl ich mich kaum um sie kümmerte, in unserem Heim geborgen. Das Haus sah immer tadellos aus. Und Sharon ließ es sich auch nicht nehmen, mich mit ihrer speziellen Gemüsesuppe zu verwöhnen oder mir mein Lieblingsgericht vorzusetzen: Steak mit scharfer Pfeffersoße. Je mehr ich ihre Liebe erkannte, desto mehr wurde mir bewußt, daß ich diese Liebe eigentlich gar nicht verdiente. Ich war ein Lügner und ein Schwindler. Wie oft hatte ich meine Frau schlecht behandelt und hintergangen. Zudem wußte ich aufgrund meiner regelmäßig wiederkehrenden Alpträume, daß ich auch ein Mörder war. Ich war einfach ein unverbesserlicher Bösewicht. Trotzdem hatte Sharon mich lieb. Manchmal entdeckte ich etwas an ihr – eine Freude, einen Frieden –, was logisch gar nicht einzuordnen war, wenn man ihre Umstände betrachtete.

Obgleich ich um meine Unzulänglichkeiten wußte und zugeben mußte, daß ich ein miserabler Ehemann war, kam ich mir doch nicht so schlecht vor, daß ich irgend etwas an meinem Verhalten ändern mußte. Ja, ich hatte den Eindruck, ich könne mich gar nicht ändern. Ich kam und ging, wie es mir paßte. Wenn ich lange ausbleiben wollte und Sharon eine Erklärung geben mußte, sagte ich einfach, ich müsse Überstunden machen und die Regale im Geschäft auffüllen, oder aber ich müsse noch Kung Fu üben.

Eines Abends, als wir gerade mit dem Essen fertig waren, klingelte das Telefon. Sharon nahm den Hörer ab und hörte, wie eine weinerliche Frauenstimme fragte: „Ist Raul da? Ich muß ihn unbedingt sprechen."

„Wer ist denn dort?" fragte Sharon ruhig.

„Hier spricht Shelley. Wer sind Sie? Seine Schwester?"

„Nein, seine Frau."

„Seine *Frau?* Sie machen wohl Witze!" Das Mädchen brach in schallendes Gelächter aus und hängte auf.

„Raul, wer ist Shelley?" fragte Sharon kalt, nachdem sie – ein wenig zu vorsichtig, wie mir schien – den Hörer wieder auf die Gabel gelegt hatte. Ich sagte nichts, sondern überlegte in fliegender Eile, wie ich am besten einem Zornausbruch ihrerseits aus dem Weg gehen konnte. *„Wer ist Shelley?"* Ihre Stimme verriet Verzweiflung, und schon stürzten ihr die Tränen über die Wangen.

„Diese —— Sie ist ein Niemand! Ein Niemand!" Ich wußte gar nicht mehr, was ich sagen sollte.

„Du treibst dich wohl mit anderen Weibern herum?" schrie mich Sharon an.

„Ach was, beruhige dich!" erwiderte ich, stand vom Tisch auf und wollte sie in die Arme nehmen. „Du weißt doch, daß du meine einzige Liebe bist."

Sharon wich meiner Umarmung aus. „Wer war es denn dann, die da eben angerufen hat?"

„Wahrscheinlich irgendein Mädchen, das mich im Geschäft gesehen hat. Irgendwie muß sie meine Nummer bekommen haben. Da ist wirklich nichts dabei, glaub mir!"

„Du mußt ihr doch irgendwelche Versprechungen gemacht haben!"

„Nein, nein. Ich weiß nicht, wie sie darauf gekommen ist, mich anzurufen." Ich hatte schon so oft gelogen, daß ich ein Meister dieses Faches war. Schließlich beruhigte Sharon sich und fing an, meinen Erklärungen Glauben zu schenken. Wieder war eine Krise abgewendet worden.

Die Auseinandersetzungen zu Hause trieben mich nur noch mehr dazu, mich im Kung Fu-Sport anzustrengen. Mit Jimmy Woo als Lehrmeister machte ich gute Fortschritte. Von Natur aus war ich schnell und auch gewalttätig – zwei Eigenschaften, die mir im Kampfsport sehr gut zustatten kamen. Zwar protestierte Sharon dagegen, daß ich bei meinem begrenzten Einkommen so viel Geld für den Unterricht ausgab, aber ich versuchte ihr klarzumachen, daß es sich dabei um eine Investition für unsere Zukunft handele. Dann, im Januar 1971, erwarb ich tatsächlich den Schwarzen Gürtel. Das veranlaßte mich, weniger Stunden im Geschäft zu arbeiten, damit ich mich mehr darauf vorbereiten konnte, mein eigenes Studio zu eröffnen.

Sharon freute sich zunächst über meine Leistung, bis ich sagte: „Du wirst dir wohl eine Arbeit suchen müssen. Meine Arbeitszeit im Geschäft ist verkürzt worden." Das war gelogen, aber ich wollte es nicht darauf ankommen lassen, daß sie einen Grund hatte, sich zu weigern. „Jetzt, nachdem ich meinen Schwarzen Gürtel habe, ist es an der Zeit, mein eigenes Kung Fu-Stadion zu eröffnen. Aber daraus wird nie etwas, wenn du den ganzen Tag nur herumsitzt und nichts tust. Du mußt auch ein paar Moneten dazuverdienen, bis wir aus dem Gröbsten heraus sind."

Meine Ankündigung wurde keineswegs positiv aufgenommen. „Raul . . . . . was soll denn aus den Kindern werden?"

„Na, was schon?" schnauzte ich sie an. Es war mir unverständlich, wie Sharon so total in unseren Kindern aufgehen konnte. Abgesehen von ihren Gottesdienstbesuchen, bedeuteten die Kinder für sie alles. „Du brauchst ja nur für ein paar Jahre mitzuarbeiten. Hilf mir wenigstens, einen Raum zu mieten, und wenn wir dann erst dickes Geld verdienen, kannst du wieder aufhören."

„Aber wie kann ich die Kinder allein lassen? Sie sind noch so klein."

„Ach was –, sie sind zwei und drei Jahre alt. Du bist bloß zu faul zum Arbeiten!"

Ein Schluchzen drang tief aus dem Herzen meiner Frau. „Wie kannst du mir das antun?" flüsterte sie rauh. „Ich soll meine Kleinen fortgeben?"

Ich hatte nicht mit einem derartigen Gefühlsausbruch gerechnet. Aber ich war nervös und befürchtete, sie könne meine Forderung abschlagen. Deshalb fuhr ich ein wenig sanfter fort: „Schatz, du sollst die Jungen doch nicht zur Adoption freigeben. Hilf mir nur für die erste Zeit. Du brauchst wirklich nicht lange zu arbeiten, das verspreche ich dir."

Daraufhin fing Sharon in einem Büro als Sekretärin an zu arbeiten. Morgens stand sie zeitig auf, zog Raul und Shane an, machte ihnen Frühstück und lud sie dann bei der Nachbarin ab, um rechtzeitig zur Arbeit zu kommen. Zum Mittagessen kam sie nach Hause, um Geld zu sparen. Einmal fand ich sie in der Mittagspause weinend daheim vor, den Kopf in den Armen vergraben. „Was hast du denn?" fragte ich unfreundlich.

„Margret will nicht, daß ich meinen Jungen guten Tag sage, wenn ich mittags nach Hause komme. Sie meint, sie müßten anschließend schlafen, und wenn sie mich gesehen hätten, wären sie so aufgedreht, daß sie sie gar nicht mehr ruhig bekommen könne." Ich starrte auf Sharon hinab, die erbarmungswürdig aussah mit ihren vom Weinen geschwollenen Augen. Doch ich empfand keinerlei Mitleid, sondern allenfalls Ärger, weil sie sich nicht zusammenreißen konnte. „Raul ...", sagte sie und sah mich an, „hast du denn kein Herz? Hast du wirklich für keinen etwas übrig als nur für dich selber? Wirklich für keinen?"

Ich versuchte auszuweichen. „Hör zu", sagte ich, „ich muß in zehn Minuten in meiner Klasse zum Kung Fu-Unterricht sein. Du solltest dich ein bißchen hinlegen, dann geht es dir nachher bestimmt wieder besser."

Unsere Blicke trafen sich, und wir schauten uns einen Moment lang stumm an. Zum ersten Mal bemerkte ich, daß die Freude, die früher aus ihren Augen gestrahlt hatte, erloschen war und einer verbitterten Resignation Platz gemacht hatte. Ganz flüchtig kam mir der Gedanke, ich sollte mich vielleicht doch intensiver um die Sache kümmern, aber ebensoschnell verwarf ich diesen Gedanken wieder. Wortlos drehte ich mich um und eilte zur Tür hinaus. Als die Tür hinter mir geräuschvoll ins Schloß fiel, murmelte ich vor mich hin: „Diese Frauen! Was wollen sie eigentlich? Man kann es ihnen nie recht machen!"

9

EINE ZWEITE CHANCE
IM LEBEN

Die Jahreszeiten wechselten einander ab. Wieder hatte der Frühling seinen Einzug gehalten und heftige Platzregen mitgebracht, die gegen die Schlafzimmerfenster prasselten. Es war Samstag nachmittag, und ich saß mit gekreuzten Beinen auf unserem großen französichen Bett, umgeben von Büchern und Zeitschriften zum Thema Kampfsport. Durch die Unterweisung von Jimmy Woo war es mir zwar gelungen, einen Großteil der physischen Aspekte von Kung Fu zu beherrschen, aber von anderen Lehrern hatte ich erfahren, daß man schier ungeahnte Kräfte entwickeln könne, wenn das Physische mit der östlichen Mystik aus dem Zen-Buddhismus gekoppelt würde. Jedoch wollte es mir trotz größter Anstrengung nicht gelingen, auch nur die elementarsten Übungen der östlichen Meditation in den Griff zu bekommen.

Im Haus war alles still. Ich schloß die Augen und konzentrierte mich auf die Atmung. Dann versuchte ich, nicht mehr nachzudenken, sondern mich völlig zu entspannen. „Tief einatmen", wiederholte ich in Gedanken, „tief einatmen in einer kreisförmigen Bewegung . . . . . und wieder ausatmen." Ich fing an, ein schwaches Gefühl des Losgelöstseins zu verspüren. Einatmen. Ausatmen.

„Gib mir das, Shane!" Klein-Rauls zorniger Ausruf durchbrach die Stille. „*Diese —— Kinder!*" murmelte ich vor mich hin. Frustriert knallte ich die Bücher zu. Wie sollte ich es je schaffen, solche inneren Kräfte zu entwickeln, wie sie die Philosophie über den Kampfsport anzubieten hatte? Ich kam einfach nicht über das Anfangsstadium hinaus! „Daran sind nur die dummen Gören schuld", murrte ich. „Jedesmal, wenn ich anfange, mich innerlich zu entspannen, müssen sie losschreien und mich stören!"

Tief im Herzen wußte ich jedoch genau, daß das Problem ganz woanders lag. Es war etwas anderes, was mich davon abhielt, meine seelischen „Kräfte" anzuzapfen. *Wahrscheinlich betet Sharon, daß ich es nicht schaffe,* dachte ich. *Sie hat bestimmt Angst, daß ich sie umbringe, wenn ich noch mehr Kraft bekomme.*

Und ob Sharon betete! Wir waren mittlerweile in ein schönes Haus in einer guten, sauberen Wohngegend umgezogen. Sharon hatte über zwei Jahre lang mitgearbeitet, ehe sie ihre Stelle wieder aufgeben konnte. Mein Traum vom eigenen Kung Fu-Studio hatte sich erfüllt, und die Zahl meiner Schüler nahm ständig zu. Anfänglich war sogar mein Bruder Xavier mit ins Geschäft eingestiegen –, bis Vater ihm eingeredet hatte, ich wolle ihn bestimmt nur um seinen Anteil am Profit betrügen. Daraufhin hatte sich Xavier von mir getrennt, aber das hatte dem Unternehmen zum Glück nicht geschadet. Jede Woche gingen neue Anmeldungen ein, und mit Vergnügen kassierte ich von jedem neuen Schüler die Unterrichtsgebühr.

Mit unserem Familienleben sah es dagegen ganz anders aus. Zwischen meinen Eltern und mir war es zur totalen Kriegserklärung gekommen, und mein Verhältnis zu Sharon war von einer eisigen Kälte gekennzeichnet. Sie hatte sich voll auf ihre kirchlichen Aktivitäten verlegt, und ihr Glaube schien sie innerlich wirklich stark gemacht und ihre Zornausbrüche besänftigt zu haben. Offene Auseinandersetzungen mit mir vermied sie tunlichst und ging mir nach Möglichkeit aus dem Wege, wahrscheinlich vor lauter Angst. Sie lebte mit den Kindern in einer ganz anderen Welt als ich. Ironischerweise hatte ich Sharon trotzdem noch lieb. Trotz meiner Seitensprünge hatte ich nie im Leben eine andere Frau geliebt, und der Gedanke, sie verlieren zu müssen, wäre einfach unvorstellbar für mich gewesen.

Im allgemeinen versuchten wir, uns höflich zu begegnen. Sobald aber irgendeine Meinungsverschiedenheit auftauchte, war es mit meiner Selbstbeherrschung aus und vorbei. Augenblicklich überfiel mich der Jähzorn wie ein wütendes Tier. Immer wieder kam es vor, daß ich Sharon puffte, stieß oder sogar schlug. Darüber fühlte ich hinterher auch keine Reue, sondern redete mir ein, daß sie diese Behandlung ja schließlich verdient habe.

Einmal sahen wir uns abends alte Fotos an. In ihrem Album entdeckte ich eine Seite mit den Bildern ehemaliger Freunde. „Das waren wirklich alles nur harmlose Freundschaften", versicherte Sharon mir, „du bist der einzige, in den ich mich gründlich verliebt habe." Trotz ihrer Beteuerungen packte mich die Eifersucht. Ich riß das Blatt heraus und zerriß es in kleine Stücke.

„Aha, so geht das also", sagte Sharon, offensichtlich verärgert. Sie schlug eines meiner Alben auf und zerriß eine Seite, die Fotos von meinen früheren Freundinnen zeigte, ebenfalls in lauter kleine Stücke.

Augenblicklich überfiel mich die Wut. Ich hob unser schweres Hochzeitsalbum auf und warf es ihr ins Gesicht. Ihre Brille zersplitterte. Sie fing unbeherrscht an zu schreien, während ihr das Blut über die Wangen rann. „Das hast du davon, wenn du mich immer lächerlich machst!" schrie ich, stürmte in mein Büro und knallte die Tür hinter mir zu.

Zum Glück hatte das Glas nur Sharons Nase verletzt. Später versuchte sie, mir freundlich klarzumachen, sie hätte ebensogut ernsthaft verletzt oder sogar blind werden können. „Ach was", erwiderte ich, „ich mache dich doch nicht blind!" Meine Mutter hatte Schlimmeres von meinem Vater einstecken müssen, und sie hatte es überlebt.

Ein paar Wochen später, als Sharon sich gerade fertigmachte, um in die Kirche zu gehen, bat ich sie höflich, diesmal zu Hause zu bleiben. „Laß uns doch etwas zusammen unternehmen", sagte ich.

„Du darfst gern mit uns kommen", erwiderte sie und zog dabei Shane die Jacke an.

„Ich muß aber in einer Stunde im Studio sein."

„Und ich muß unbedingt mal raus", sagte sie, mit Shane bereits auf dem Arm. „Dieses ist meine einzige Gelegenheit für diese Woche, in die Kirche zu kommen."

„Du und deine —— Kirche!" brüllte ich und versetzte ihr einen harten Kung Fu-Tritt gerade oberhalb des Knies. Sie krümmte sich vor Schmerzen und konnte es nur mit knapper Not vermeiden, daß sie hinstürzte und Shane sich dabei weh tat. Ich stürmte zur Tür hinaus und überließ es Sharon, mit den beiden Jungen zum Wagen zu humpeln.

Später im Verlauf des Tages versuchte sie mir dann klarzumachen, was ich angerichtet hatte. „Deine Tritte sind jetzt so voller Kraft. Du hättest mir genausogut das Bein brechen können", sagte sie eindringlich.

„Pah, so was würde ich bestimmt nie tun."

„Raul, ich kann es wirklich nicht mehr lange aushalten. Du tust mir immer wieder weh, und die Kinder haben ständig Angst vor dir. Das einzige, was wir von dir bekommen, ist Schimpfen, Anschreien und Drangsalieren. Nie denkst du an andere, immer nur an dich selber."

„Was? Ich bringe schließlich gutes Geld nach Hause, oder? Du wohnst in einem schönen Haus und brauchst nicht mehr zur Arbeit zu gehen."

„Wenn du nicht mit deinen Quälereien aufhörst, muß ich die Kinder nehmen und weggehen."

Furcht ergriff mich bei diesen Worten. Wenn ich etwas nicht ertragen konnte, so war es der Gedanke, Sharon und die Jungen zu verlieren. Es war nicht das erste Mal, daß sie vom Weggehen gesprochen hatte, und meine Reaktion war immer die gleiche. Zu denken, daß ein anderer sie nehmen und liebhaben könnte, daß meine Kinder einen fremden Mann „Papa" nennen könnten –, nein, das würde ich *niemals* zulassen. Eher würde ich uns alle umbringen.

Ich packte Sharon am Arm und drückte ihn hart. „Au, das tut weh!" sagte sie und versuchte, sich loszumachen. Dabei nahm sie mit der freien Hand ihre Brille ab und warf sie auf die Couch.

„Hör zu", zischte ich und drückte noch fester zu, „wenn du weggehst, bringe ich dich um. Und *ihn* dazu. Auch die Jungen bringe ich um. Du brauchst dir also gar keine Flausen in den Kopf zu setzen, daraus wird sowieso nichts!" Ich meinte wirklich, was ich sagte, und Sharon wußte es ganz genau.

Sie war auch keineswegs die einzige, die meine wachsende Gewalttätigkeit zu spüren bekam. Selbst meine Betätigung im Kung Fu-Sport reichte nicht aus, um meinen Hang zur Gewalt abzureagieren. Wenn ich an einer Kreuzung halten mußte, versuchte ich oft, andere so lange anzustarren, bis sie aus der Fassung gerieten. Ich hoffte dann immer, daß es zu einer tätlichen Auseinandersetzung kommen würde. Manchmal ging ich auch auf einen mir völlig Fremden zu und versuchte, seine Blicke auf mich zu lenken. Sobald er in Abwehrstellung ging, griff ich an.

Eines Abends war ich mit Sharon auf dem Weg zu meiner Mutter. In der Nähe ihres Hauses hielt ich vor einem Lebensmittelgeschäft an. „Ich habe Durst auf eine Cola", sagte ich zu meiner Frau. „Möchtest du auch irgendwas?" Als sie den Kopf schüttelte, sprang ich schnell aus dem Wagen und lief auf die Eingangstür zu. In diesem Augenblick sah ich, wie ein Mann über den Parkplatz geschlendert kam. Während er an unserem Auto vorbeiging, warf er einen flüchtigen Blick auf Sharon. Eifersucht stieg in mir hoch. „He, Kerl, was guckst du so?" schrie ich ihn an. „Das ist meine Frau, die du dir da anlachen willst!"

Er sah ratlos und zugleich verärgert aus. „Ich habe gar nicht . . . . ."

Ich ließ ihn nicht ausreden, sondern packte ihn am Hemd und stieß ihn grob gegen die Wand.

„Raul!" kreischte Sharon schrill. „Hör auf! Laß uns weiterfahren!"

Ich stieß den Kopf des Mannes zwei- oder dreimal gegen die Wand. „Ich fahre nur schnell meine Frau nach Hause, Bürschchen. Ich bin gleich wieder da. Dann kannst du was erleben!"

Nach einem letzten Stoß sprang ich auf den Fahrersitz und brauste los. Sharon war wie betäubt vor Schreck. „Er hat mich nicht einmal angeguckt", sagte sie.

„Halt den Mund und steig aus!" befahl ich, während ich mit kreischenden Bremsen vor dem Haus meiner Eltern zum Stehen kam. Dann raste ich mit quietschenden Reifen zum Geschäft zurück und sah mich in Gedanken bereits den zudringlichen Kerl in Stücke zerreißen. Doch als ich ankam, war er fort. „Feigling", murmelte ich und machte mich enttäuscht auf den Heimweg.

Abgesehen von solchen gelegentlichen Vorfällen, war meistens Sharon die Leidtragende. Andere bekamen nie etwas von ihren blauen Flecken zu sehen, und sie sprach auch mit keinem über ihre Probleme. Ich bin sicher, daß ihre Eltern ahnten, was vor sich ging, aber sie verloren nie ein Wort darüber. Das machte mich nur noch wütender. „Jedesmal, wenn deine Leute zu Besuch kommen, ist es das gleiche", sagte ich zu Sharon. „Sie tun nichts anderes, als mich umarmen und mir sagen, daß sie mich liebhaben. Und dann dieses ewige Lächeln! Mir wird direkt schlecht! Was denkt dein Vater eigentlich, wer er ist –, etwa der Weihnachtsmann?"

Wenn Sharons Eltern zu Besuch kamen, sorgte ich gewöhnlich dafür, daß ich nicht zu Hause war. Aber am Samstag abend, einen Tag vor Ostern, schaffte ich es nicht mehr rechtzeitig, zur Hintertür hinauszuschlüpfen, ehe sie da waren. „Raul, willst du nicht morgen abend mitkommen?" fragte meine Schwiegermutter, nachdem sie mich zur Begrüßung umarmt hatte. „Wir fahren zur 'Calvary Chapel' in Costa Mesa."

„Was ist das denn? Etwa eine Kirche?" fragte ich höhnisch.

Sie beachtete meinen Ton nicht. „Ja, allerdings, es ist eine Kirche. Aber sie ist ganz anders als alle anderen Kirchen, die du kennst."

„Wieso?"

„Ein Mann namens Chuck Smith ist dort der Pastor. Und er hat wirklich ein Herz für die Jugend. Er spricht sogar ihre Sprache."

„Was ist das denn für eine Sprache?" Ich lächelte spöttisch über meinen kleinen Scherz. Schwiegermutter lachte leise und war nicht im geringsten beleidigt. „Also, es tut mir leid, daß ich so schnell weg muß. Aber ich erwarte ein paar Schüler drüben im Studio, die ich unterrichten muß." Das war glatt gelogen, aber keiner von den Anwesenden zuckte mit der Wimper. Während ich zur Tür hinauseilte, fügte ich hinzu: „Morgen abend kann ich leider nicht. Vielleicht ein andermal." Die nächsten paar Stunden verbrachte ich mit Tom und den anderen Kameraden, bis ich sicher sein konnte, daß meine frommen Schwiegereltern gegangen waren und Sharon und die Kinder höchstwahrscheinlich schliefen.

Am nächsten Morgen stand ich früh auf, denn ein voller Tag mit Kung Fu-Vorführungen und Lektionen lag vor mir. Während ich mit mir selbst beschäftigt war, versuchte Sharon, sich und die Kinder zum Kirchgang fertigzumachen. Raul beging den Fehler, mir vor die Füße zu laufen, als ich, tropfnaß und nur mit einem Handtuch bekleidet, über den Flur hastete. „Paß doch auf, wo du hinläufst!" fuhr ich ihn an.

„Paß *du* doch auf, wo du hinläufst!" gab er zurück und blickte mich streitlustig an. Die ganze Haltung des Fünfjährigen drückte Unnachgiebigkeit und Trotz aus.

„Du kleiner ——!" Ich packte ihn grob um die Hüften und schleuderte ihn über den Flur. Er landete als schreiendes Häufchen Elend auf dem Fußboden.

Sharon kam aus dem Schlafzimmer gestürzt. Das Entsetzen stand ihr im Gesicht geschrieben. In Sekundenschnelle war sie bei Raul angelangt, hatte ihn aufgehoben und wiegte ihn nun in ihren Armen hin und her. Ihre Tränen vermischten sich mit den seinen, während sie ihm klarzumachen versuchte, warum sein Vater so heftig geworden war.

Mit mir sprach Sharon kein Wort, sondern warf nur einen langen, vielsagenden Blick in meine Richtung, während sie ihren schluchzenden Sohn in sein Zimmer trug. Als sie nach einiger Zeit wieder auftauchte, maß sie mich nochmals schweigend. Ihr Gesicht drückte eine ganz neue Entschlossenheit aus –, eine ruhige Endgültigkeit, die ich nie zuvor bei ihr gesehen hatte. Ich hätte eigentlich darüber alarmiert sein müssen, doch in Gedanken war ich bereits wieder mit der Tatsache beschäftigt, daß ich um 10.30 Uhr im Studio sein mußte, um alles für die erste Unterrichtsstunde vorzubereiten.

Als ich losfuhr, tat es mir sogar ein wenig leid, daß ich so wütend über Raul geworden war. Im Grunde war er ein lieber kleiner Kerl. *Vielleicht hütet er sich ja in Zukunft davor, mir in die Quere zu kommen,* dachte ich. Ich lächelte vor mich hin, in der Annahme, daß er seine Lektion gelernt hatte. Trotzdem wünschte ich, der ganze häßliche Vorfall wäre nicht geschehen.

Der Kung Fu-Unterricht lief an diesem Tag ganz ausgezeichnet. Und die Krönung des ganzen war ein neues, hübsches, blauäugiges junges Mädchen, dem anscheinend sehr viel daran gelegen war, daß ich seinen Namen und seine Telefonnummer erfuhr, ehe es nach Hause ging. Am Abend machte ich mich befriedigt auf den Heimweg.

So stand die Sache, als ich nach Hause kam und dort eine verschlossene Tür und einen verschmutzten Hof vorfand, meine Hanteln im Abfalleimer entdeckte und dann, nachdem ich ins Haus eingebrochen war, über die gepackten Koffer stolperte. Sharon wollte also tatsächlich mit mir Schluß machen. Kein Zweifel, diesmal war es ernst. Ich konnte nicht mehr klar denken. Alles in mir wurde von der Eifersucht, dem Jähzorn und den Schuldgefühlen dirigiert, die mich seit Jahren mit ihrem furchtbaren Gift vollgepumpt hatten. Es hatte keinen Zweck, mich noch länger dagegen zu wehren. Es würde doch nie Frieden geben. Das 22-Kaliber-Gewehr schien die einzige Lösung für meine tiefe Verzweiflung zu bieten.

Während ich darauf wartete, daß Sharon mit den Kindern heimkam, verwandelte sich mein Haß in den sehnlichen Wunsch, unserem zerrütteten, haßerfüllten Zusammenleben ein Ende zu setzen.

So begann eine Zeit des teuflischen Wartens. Minute um Minute verrann, und der Zeiger an der Uhr oben auf unserem Fernseher, die wie eine riesige Taschenuhr aussah, rückte unaufhaltsam weiter. Ich wurde fast verrückt dabei. Nervös schaltete ich den Apparat ein. Eine geräuschvolle, mit Musik untermalte Werbesendung, in der auf die übliche geistlose Art irgendeine Ware angeboten wurde, durchbrach die Stille. Schnell schaltete ich auf ein anderes Programm um. In einer Talk-Show wurde eine Schauspielerin mit leerem Blick von einem Gesprächsleiter interviewt. Ich schaltete weiter. Dan Rather – 60 Minuten. Nächstes Programm. Ein freundlicher Mann mit Glatze sprach. Das schien noch die am wenigsten abstoßende Fernsehsendung im Sonntagabendprogramm zu sein.

Voll innerer Unruhe setzte ich mich in den Sessel und starrte auf den Mann vor mir, ohne das geringste Interesse an dem zu verspüren, was er zu sagen hatte. Sekunden später sprang ich wieder auf und spähte zum Fenster hinaus. Draußen bewegte sich immer noch nichts.

„Dieses ist das Zeichen wahrer Liebe . . . . .“ Die ruhige Stimme des Redners drang an mein Ohr und unterbrach mich in meinen Gedanken, die sich mit dem bevorstehenden Tod beschäftigten. „..... um uns Seine Liebe zu beweisen, gab Gott etwas, was Ihm ganz besonders wertvoll war und für das es keinen Ersatz gab: Seinen eingeborenen Sohn." Langsam ging ich wieder zu dem Sessel zurück, der vor dem Fernsehapparat stand. „Der Zweck dieser Gabe ist der, daß du Gemeinschaft mit Gott haben kannst, daß du Seine Liebe erleben, ganz persönlich diese Liebe kennenlernen und sie nicht nur jetzt, sondern in alle Ewigkeit genießen darfst. Denn Er bietet uns durch das Geschenk Seines Sohnes Jesus Christus ewiges Leben an." Obwohl es eine Botschaft war, die das Gefühl ansprach, hob der Mann an keiner Stelle seine Stimme.

„Jesus ist am Kreuz für deine Sünden gestorben. Deine ganze Schuld hat Er auf sich genommen. Als man die Nägel durch Seine Hände und Füße trieb, trug Er *deine* Strafe. Er starb für alles Böse, das *du* je in deinem Leben getan hast." Als er von der Kreuzigung sprach, sah ich in Gedanken wieder das grauenvolle Kruzifix vorn in der katholischen Kirche vor mir, die ich als Kind besucht hatte. *Darum ging es also.*

Aber – Moment mal! Wer ist dieser Kerl überhaupt? Woher weiß er, daß ich so viel Böses getan habe? Ich fühlte mich von meinem Gewissen überführt und in die Enge getrieben. Was war mit den zahllosen Leuten, die ich zusammengeschlagen hatte? Und mit denen, die ich in Vietnam getötet hatte? Und mit den Dutzenden von Malen, in denen ich meine Frau angelogen und betrogen hatte? *Dieser Mensch glaubt doch bestimmt nicht, daß Gott das alles vergeben kann!*

„Weißt du", fuhr der Redner fort, „Gott ist vollkommen. Wegen Seiner Heiligkeit kann Er nichts mit uns Sündern zu tun haben. Aber Er liebt uns so sehr, daß Er selber die Strafe für alle Sünden, die wir in unserem Leben begangen haben, auf sich genommen hat." *Nein! Das ist zu schön, um wahr zu sein.*

„Gott streckt heute Seine Hand nach dir aus. Egal, wer du bist oder was du getan hast – du magst dein ganzes Leben total ruiniert haben –, du darfst wissen, daß Gott dich trotzdem liebhat. Er streckt Seine Hand nach dir aus und lädt dich ein, zu Ihm zu kommen und an Seiner Liebe teilzuhaben, egal, wie tief du in die

Sünde verstrickt bist. Jesus bietet uns Seine Vergebung als kostenloses Geschenk an. Wir brauchen es nur anzunehmen."

Meine Augen brannten. Mein Herz pochte wie wild. Ich erinnere mich nicht mehr daran, das Gewehr aus der Hand gelegt zu haben, aber irgendwann muß ich es hingeworfen haben. Ich war ganz versunken in diese neue Botschaft und versuchte, die unbekannten Worte zu verstehen. Noch nie hatte ich eine solch gute Nachricht vernommen, wie dieser Mann sie da verkündete.

„Gottes Liebe gilt auch dir. Er streckt dir gerade jetzt Seine Hand entgegen und möchte dein Vater sein, ein Vater, der dich liebhat und dir alles das geben will, was du brauchst und ersehnst." Das Bild meines irdischen Vaters stieg vor mir auf. Aber dieser Vater war es nicht, von dem der Redner sprach. „Ich möchte dir Mut machen, Gottes Liebe heute anzunehmen. Fühlst du dich schuldig wegen deiner Vergangenheit? Wirst du immer wieder an irgendwelche Dinge erinnert, von denen du wünschst, sie wären nie geschehen? Sehnst du dich nach Vergebung? Wenn ja, dann nimm Gottes Vergebung jetzt an! Die Bibel sagt: ‚Der Lohn der Sünde ist der Tod, die Gabe Gottes aber ewiges Leben durch Jesus Christus, unseren Herrn.'"

Mittlerweile strömten mir die Tränen über die Wangen. Ich war von meinem Sessel heruntergerutscht und auf die Knie gesunken. Es war mir noch nie in den Sinn gekommen, daß es die Vergebung *Gottes* war, die ich benötigte. Nie hätte ich daran gedacht, daß *Er* die Last meiner bitteren, von Gewalt geprägten Vergangenheit getragen haben könnte.

„Alle haben gesündigt und erreichen nicht die Herrlichkeit Gottes." Der Mann mit der Glatze lächelte viel, während er sprach. Seine Botschaft schien ihn tatsächlich glücklich zu machen. „Wenn du meinst, du seist der schlimmste Sünder auf der ganzen Welt –, keine Angst! Es gibt nichts, was du getan haben könntest, was Gott nicht vergeben kann."

Nichts! Weiß der Prediger etwas von Kerlen wie mir?

„Bitte Jesus doch einfach in diesem Augenblick, in dein Herz zu kommen und dich von deiner Vergangenheit zu reinigen. Nimm das kostenlose Geschenk Seiner Vergebung an. Du wirst ein ganz neuer Mensch werden."

Der ruhige, freundliche Mann forderte alle, die ihm zuhörten, auf, ihm nachzubeten. Das war für mich kein Problem, befand ich mich doch bereits in der richtigen Gebetsstellung. Mein Körper wurde von heftigem Schluchzen geschüttelt, während er anfing, folgendermaßen zu beten: „Herr Jesus . . . . ."

„Herr Jesus . . . . .", wiederholte ich leise. Ich war dermaßen von meinen Gefühlen übermannt, daß ich gar nicht laut sprechen konnte.

„Es tut mir leid, daß ich gesündigt habe. Es tut mir leid, daß ich deine Gebote übertreten habe."

„O Gott! Ich bin ein Sünder . . . . ."

„Bitte, komm in mein Leben und reinige mich."

„Ja, Herr, *bitte,* komm herein . . . . ."

„Ich weiß, daß ich nichts tun kann, um mich selber zu retten."

„Ich kann mich nicht selber retten . . . . .", flüsterte ich.

„Ich danke dir, daß du am Kreuz gestorben bist, um ich von meiner sündigen Vergangenheit zu erlösen."

„Danke, Herr . . . . . danke . . . . . oh, ich danke dir . . . . ."

Ich weiß nicht, wie lange ich dort gekniet habe. Meine Tränen flossen wie ein Sturzbach, der einen inneren Damm, eine Staumauer aus Schuld und Schande, durchbrochen hatte. Als ich mir schließlich wieder meiner Umgebung bewußt wurde, fiel mir ein, daß Sharon ja in diesem Augenblick in der Kirche saß! Und von meinen gelegentlichen Besuchen her wußte ich, daß die Leute „zum Altar" gingen, wenn sie „sich bekehren" wollten. Jetzt verspürte ich selber den dringenden Wunsch, zum Altar zu gehen!

Ich sprang auf, rannt in die Küche, putzte mir mein tränennasses Gesicht mit einem Handtuch ab und stürzte aus dem Haus hinaus zu meinem Wagen. Wie ein Verrückter raste ich zur Kirche. Ich fand einen Parkplatz und schlüpfte durch die Seitentür ins Gotteshaus. Der Pastor war gerade am Ende seiner Predigt angelangt. Ich überflog in aller Eile die Gesichter der Anwesenden. Sharon war nicht darunter. „Ist hier vielleicht jemand, der heute abend seinen Glauben öffentlich bekennen möchte?" fragte der Pastor. „Wer von euch möchte uns zeigen, daß er Jesus gebeten hat, in sein Herz zu kommen? Kommt jetzt nach vorn, während wir alle gemeinsam singen. Jemand wird hier am Altar auf euch warten und mit euch beten. Laßt uns zusammen singen . . . . ." Mit seiner Tenorstimme fing der Pastor an: „Komm in mein Herz, komm in mein Herz, o komm in mein Herz, Herr Jesus . . . ."

Ich war aufgesprungen und lief, nein, rannte förmlich den Gang hinunter. Dabei merkte ich, wie mich urplötzlich ein gewaltiges Glücksgefühl durchströmte. Noch nie hatte ich mich so gut gefühlt. Als ich dann an dem einfachen Holzaltar kniete, hörte ich, wie um mich herum in verschiedenen Sprachen gebetet wurde. Ein Mann mit einem starken südlichen Akzent las mir aus seiner alten, abgenutzten Bibel vor: „Denn so sehr hat Gott die Welt geliebt, daß er seinen eingeborenen Sohn gab, damit jeder, der an ihn glaubt, nicht verloren gehe, sondern ewiges Leben habe."

„Ich weiß!" nickte ich begeistert. „Ich weiß!"

Mehrere Leute legten mir die Hände auf und beteten für mich. „Vater", flehte eine Frau, „nimm diesen jungen Mann hin und reinige ihn von allen seinen Sünden!"

„In Jesu Namen binden wir die Macht Satans in seinem Leben", sagte ein Mann mir ruhiger Autorität. „Befreie ihn von allen Bindungen des Teufels, in die er verstrickt sein mag."

Plötzlich schien alles, was ich in meinem Leben an Unrechtem getan hatte, vor meinem inneren Auge vorbeizuziehen. Ich sah die Schlägereien; das Töten in Vietnam; die Unmoral; die Grausamkeit, mit der ich Sharon und die Kinder behandelt hatte; die Lügen; die Bitterkeit. Und vor allem sah ich den Zorn – diesen furchtbaren Jähzorn, der sich in Schimpfen, Fluchen, rücksichtslosem Fahrverhalten und in Gewalttätigkeiten äußerte. Doch genau so schnell wie es gekommen war, war alles vorbei! In einem Augenblick war ich auf wunderbare Weise von der Schuld alles Bösen und Schrecklichen, das ich in meinem Leben begangen hatte, befreit.

Dann schoß mir ein Gedanke durch den Kopf: *Wie kann ich sicher sein, daß ich nicht wieder in mein altes Leben zurückfalle?* Von neuem flossen die Tränen, eine nie gekannte Furcht hatte mich ergriffen. Als ob er mir direkt ins Herz schauen könne, begann einer der alten Männer, die neben mir knieten, zu sprechen: „Der Heilige Geist wird dir helfen, dein Verhalten zu ändern, mein Sohn. Er ist ja gekommen, um in dir Wohnung zu nehmen. Er wird dir die Kraft geben, die du brauchst, um als Christ leben zu können."

Von den anderen, die um uns herum knieten, konnte man zustimmende Äußerungen hören wie „Halleluja" oder „Preis sei Gott".

Als die Nachversammlung zu Ende war, ging ich voller Freude und Begeisterung zurück zu meinem Auto. *Wenn doch bloß Sharon dabeigewesen wäre,* dachte ich. *Ich wünschte, sie hätte das alles miterleben können.* Ich fuhr den Wagen aus der Parklücke auf die Straße und machte mich auf den Heimweg. Dabei fühlte ich mich total sauber, wie innerlich frisch gebadet. Ich fühlte mich geliebt und angenommen. Und ich verspürte den wunderbarsten Frieden, den ich mir überhaupt vorstellen konnte.

Dann dachte ich an Mamacita. Sie würde bestimmt verstehen, was heute abend mit mir geschehen war! Ich erinnerte mich gut daran, wie sie für mich gebetet hatte, als ich noch ein kleiner Junge in Mexiko-City war. In ihrem Haus hatte ich schon damals Frieden verspürt –, aber es war ein anderer Frieden gewesen! Dieser hier war viel gewaltiger, als ich es mir je hätte träumen lassen. Er war einfach nicht zu beschreiben!

Als die Ampel Rot zeigte und ich halten mußte, dachte ich über die 24 vergeudeten Jahre meines Lebens nach. Ich hatte mich immer nur um mich selber gedreht! Der Haß war die Triebkraft meines Handelns gewesen. Doch jetzt fühlte ich mich von einer ganz neuen Kraft angetrieben – Gottes Heiligem Geist! Warum hatte ich früher nie etwas von dieser Kraft gehört? Oder hatte ich es gehört, aber nie richtig zugehört?

Ein Hupen von dem Wagen hinter mir wies darauf hin, daß die Ampel auf Grün gesprungen war. Ich ließ ihn vorbei, und meine Gedanken wanderten zu den unzähligen Veteranen des Vietnamkrieges, die Hunderte von Stunden und Tausende von Dollar für Psychotherapie ausgegeben hatten. Viele meiner Kameraden im Heer und in der Marine waren buchstäblich durchgedreht, weil sie mit den Schuldgefühlen und den schrecklichen Erinnerungen an diesen abscheulichen Krieg einfach nicht fertig wurden. Sie hatten sich nach dem gesehnt, was ich heute abend gefunden hatte –, ja, und diese innere Heilung war mir augenblicklich und kostenlos zuteil geworden. In einem Moment hatte Gott mir total vergeben. Die Dankbarkeit überwältigte mich förmlich. *Kein Doktor auf der ganzen Welt ist in der Lage, so wunderbar zu helfen,* dachte ich und rief mir meine eigenen nutzlosen Erfahrungen mit der Psychotherapie in Erinnerung. *Nur Gott allein kann einem Menschen die zweite Chance geben, wirkliches Leben zu finden.*

Natürlich dachte ich auch an Sharon. *Wie überrascht wird sie sein!* Ich mußte lächeln, wenn ich mir vorstellte, wie ich ihr mein wunderbares Erlebnis beibringen würde. Doch plötzlich zuckte ich zusammen: Mir fiel ein, daß ich nur wenige Stunden vorher geplant hatte, uns alle umzubringen. Hatte ich etwa mein Gewehr neben dem Sessel liegengelassen? Sharon wußte ja um meine Drohungen. Ich mußte unbedingt nach Hause kommen, ehe sie fortging.

Zum zweiten Mal an diesem Abend steuerte ich meinen Sportwagen in unsere Garageneinfahrt hinein. Ich rannte auf die Haustür zu –, immer noch ohne Schlüssel. Ich klopfte an. Drinnen hörte ich es rumoren, aber niemand kam, um mir die Tür zu öffnen. Wieder klopfte ich, diesmal dringender. „Sharon!" rief ich laut, „bitte, laß mich rein! Ich tue dir und den Kindern bestimmt nichts, das verspreche ich!"

Der Schlüssel drehte sich im Schloß, dann öffnete Sharon die Tür einen Spaltbreit und spähte vorsichtig hinaus. „Liebling, laß mich rein!" platzte ich heraus. „Du wirst es nicht glauben – ich bin von neuem geboren!"

Sie zögerte einen Moment, sah mich nur starr an und verzog keine Miene. Und bevor ich noch ein weiteres Wort sagen konnte, hatte sie mir die Tür fest vor der Nase zugeschlagen.

10

NEUE AUGEN –
EINE NEUE VISION

Ich konnte mir das Lachen nicht verkneifen, als ich darüber
nachdachte, wie absurd dies alles war: Da stand ich vor der Tür
meines Hauses, das Herz übervoll von Freude, weil ich endlich
Christus in mein Leben aufgenommen hatte –, und meine fromme,
gläubige Frau wollte mich nicht einmal hineinlassen!

Ich klopfte zum zweitenmal. „Sharon! Laß mich rein!"

Endlich ging die Tür auf, und Sharon stand im Türrahmen, still
und blaß und mit einem traurigen Gesichtsausdruck.

„Liebling, hör zu! Ich habe vorhin einen Mann im Fernsehen
gehört. Er sprach von Jesus, und ich habe Ihn gebeten, in mein
Herz und Leben zu kommen. Ich bin von neuem geboren! Ich weiß
es ganz bestimmt! Kannst du das glauben?"

„Nein." Sharons Stimme verriet keinerlei Bewegung. „Ich
glaube es erst, wenn ich es sehe."

„Aber Sharon . . . . . sieh mich doch an! Gott hat mich reingewa-
schen. Er hat mir vergeben. Hast du dir das denn nicht immer
gewünscht – einen gläubigen Ehemann?"

Ich ging ins Wohnzimmer, und Sharon machte die Haustür
hinter mir zu. Das Gewehr war verschwunden; der Fernsehapparat
lief nicht mehr. Ich eilte schnurstracks in die Küche, wo das
Telefon stand, und rief Sharons Schwester Shirley in Santa Cruz

an, danach ihre Mutter. „Ich bin Christ geworden!" rief ich begeistert in den Hörer. „Ich bin von neuem geboren!" Während ich erzählte, wie sich alles zugetragen hatte, konnte ich mich der Tränen nicht erwehren, und diese beiden lieben Frauen, die schon so lange für mich gebetet hatten, waren von Herzen glücklich über das, was sie hörten. Doch Sharon sah mich einfach nur an, bewegungslos, um anschließend aus dem Fenster hinaus in die Dunkelheit zu starren.

Nachdem ich den Hörer aufgelegt hatte, rannte ich wieder ins Wohnzimmer. „Raul", sagte Sharon schließlich, „es hat Jahre gedauert, bis mein Herz so hart geworden ist, daß ich mich entschlossen habe, dich zu verlassen. Ich habe viele Jahre gebraucht, bis ich meine Überzeugung bezüglich einer Scheidung geändert habe. Und gerade jetzt, da ich mir endgültig vorgenommen hatte wegzugehen, kommst du und behauptest, von neuem geboren zu sein."

„Ich *bin* aber von neuem geboren!" unterbrach ich sie.

„Mag sein. Ich weiß, daß ich dich jetzt nicht verlassen kann. Es wäre verkehrt, wenn ich dir keine Chance geben würde zu beweisen, daß das, was du sagst, wahr ist. Aber du kannst nicht von mir erwarten, daß ich einen Freudentanz aufführe, hörst du? Ehrlich gesagt, bin ich enttäuscht. Ich hatte mich wirklich darauf gefreut, noch einmal ganz von vorn anzufangen."

„Aber wir *werden* von vorn beginnen!" Ich faßte sie mit beiden Händen um die Taille und wollte sie an mich ziehen, aber sie wand sich aus meinen Armen.

„Faß mich bitte nicht an", sagte sie.

„Okay, ist ja gut." Meine Freude hatte einen plötzlichen Dämpfer erfahren, aber ihre Reaktion war im Grunde nur zu verständlich. Konnte es wirklich sein, daß der gewalttätige Auftritt mit Raul erst ein paar Stunden zurücklag? „Sharon, ich mache dir keinen Vorwurf, ganz bestimmt nicht. Aber paß auf, ich werde dir beweisen, daß ich anders geworden bin. Du brauchst mich nicht liebzuhaben. Du wirst sehen, wie lieb ich dich habe!"

Früh am nächsten Morgen sprang ich aus dem Bett und machte mich sofort auf die Suche nach Sharons Bibel. Ich zog mich in mein Büro zurück, kniete mich hin und fing an, Gottes Wort zu lesen und zu beten. Später am Tag, als ich im Studio eine Freistunde hatte, fuhr ich heim, saugte im ganzen Haus Staub und säuberte anschließend den Garten vom Hundedreck. Ganz plötzlich ging mir auf, daß ich bisher die ganze Hausarbeit Sharon allein hatte tun lassen. Vieleicht war dies ja eine Möglichkeit, ihr zu zeigen, daß ich sie liebhatte. Nach dem Abendessen spielte ich eine Zeitlang mit den Kindern und half Sharon sogar, sie fürs Bett fertigzumachen.

Am Abend versuchte ich wieder, mich meiner Frau zu nähern, aber sie war immer noch abweisend. Es war mir selbst rätselhaft, wie sehr meine Gefühle ihr gegenüber an Tiefe zugenommen hatten. Aber sie sagte mir noch einmal, daß sie noch nicht bereit sei, auf meine Liebe einzugehen. „Bei dir ist jetzt zwar alles in Ordnung", meinte sie, „aber du mußt für mich beten. Bei mir ist es nicht in Ordnung."

Wenn sie in der Vergangenheit einmal kein Entgegenkommen gezeigt hatte, hatte ich sie tyrannisiert. Doch jetzt wäre mir so etwas gar nicht in den Sinn gekommen. „Liebling, ich kann warten. Egal, wie lange es dauert, ich werde warten. Es tut mir wirklich von Herzen leid, daß ich so gemein zu dir gewesen bin. Aber ich verspreche dir, daß nun alles anders werden wird."

Im Lauf derselben Woche kaufte ich mir selber eine Bibel und brachte von nun an jede freie Minute damit zu, sie zu lesen. Ich konnte den wunderbaren Inhalt dieses Buches gar nicht schnell genug in mich aufnehmen. Ich stand morgens früh auf und ging abends spät ins Bett, um genug Zeit zum Lesen zu haben. Dies hier war keine Religion, sondern eine Relation – eine lebendige Beziehung zu Gott. Er begegnete mir in Seinem Wort, und ich lernte Ihn immer besser kennen. Das alles war so unglaublich herrlich, daß ich das Gefühl hatte, ständig zu beten, nicht nur für mich persönlich, sondern auch für die Menschen um mich herum. Am liebsten hätte ich allen erzählt, was ich erlebt hatte.

Unter den ersten, denen ich etwas davon sagte, waren meine Angehörigen. Ich fuhr zur Wohnung meiner Eltern und fand dort Vater und Xavier vor, wie sie Bier tranken. Als ich sie so sah, überkam mich ein ganz neues, ungewohntes Gefühl, besonders für meinen Vater: Mitleid. Der alte Haß war verschwunden, statt dessen beseelte mich der eine Wunsch, daß er Jesus kennenlernen möchte. „Vater! Xavier! Ihr werdet es nicht glauben, wenn ich euch erzähle, was am Sonntag abend mit mir geschehen ist: Ich bin von neuem geboren worden!"

„Was zum —— soll das heißen?" fragte Vater höhnisch.

„Vater, ich habe Jesus Christus als meinen Herrn und Heiland angenommen. Und ich habe dich lieb!" Die Tränen kamen mir, während ich weitersprach: „Papa, ich bin nicht mehr derselbe wie früher. Ich empfinde keinen Haß mehr gegen dich. Meinst du, du könntest mir vergeben, daß ich ein so miserabler Sohn gewesen bin?"

Vater sah mich an, als sei ich verrückt geworden, und sagte dann hohnlachend zu meinem Bruder: „Was hältst du davon? Dein Bruder will uns jetzt auch mit der religiösen Masche kommen. Ich vermute, wir sind ihm nicht mehr gut genug." Als Vater und Xavier fortfuhren, sich über meinen Glauben lustig zu machen, merkte ich, daß sie keine Ahnung davon hatten, was mit mir geschehen war. *Wahrscheinlich müssen sie einfach sehen, daß mein Leben anders geworden ist,* dachte ich.

Am Freitag abend kaufte ich Material im Eisenwarengeschäft und fing an, einen Zwinger für unseren Hund zu bauen. Sharon hatte sich immer darüber beklagt, daß die Kinder nicht im Garten spielen könnten, weil überall Hundedreck herumlag. Wenn der Hund nicht mehr frei herumlief, war das Problem gelöst. Während ich bei der Arbeit war, klingelte das Telefon, und Sharon rief mir zu, daß es für mich sei. Tom war am Apparat: „He, Mann, wir feiern gerade eine Party!" „Ich komme sofort!" sagte ich. Ich griff nach meiner Jacke und sagte zu Sharon: „Ich muß mal eben kurz weg, Schatz. Bis später." Während ich ins Auto sprang, schoß mir plötzlich ein Gedanke durch den Kopf: *Bestimmt rechnet sie damit, daß ich angetrunken und lädiert wieder nach Hause komme.* Doch das war gewiß nicht der Grund, warum ich unbedingt zu meinen Kameraden wollte.

„Raul, du Idiot!" schrie einer der Burschen, als ich Toms Wohnung betrat. „Hab dich lange nicht gesehen. Was ist los, Mann?"

„Eine ganze Menge", lachte ich. „Du würdest es bestimmt nicht glauben!"

Im Verlauf des Abends versuchte ich, mit einigen der Männer

über den neuen Geist in meinem Innern zu sprechen. Die meisten taten meine Worte jedoch lachend als einen weiteren Beweis meiner Verrücktheit ab: „Raul hat mal wieder etwas Neues gefunden, um high zu sein." Wenn ich nicht über Sport redete, dann eben von Kung Fu oder irgendeiner Schlägerei, die ich gehabt hatte, oder von einem Mädchen, das mir über den Weg gelaufen war. Jede dieser Geschichten wurde mit der gleichen Begeisterung weitererzählt. Und heute abend war es eben Jesus. Na ja!

Doch wenigstens einer war da, der mir zuhörte. Es war bereits spät, als Joe Salaiz, einer meiner früheren Kameraden aus der Oberschule, und ich eine ernsthafte Unterhaltung führen konnten. Joe besaß leider nicht den besten Ruf. Wenn er bei einer Party mal nicht betrunken war, dann war er bei der nächsten bestimmt stockbesoffen. Er hatte, genau wie ich, eine furchtbare Zeit in Vietnam hinter sich. Und er war stets schnell bei der Hand, über seine traurigen Erinnerungen zu reden.

Joe erhob sich, um sich mit zittrigen Händen ein weiteres Glas einzugießen. „Ich schätze, man kommt nie richtig von 'Nam' los. Mit dem Körper fährt man zwar wieder nach Hause, aber mit seinem Innern bleibt man in alle Ewigkeit dort."

„Ich weiß, was du sagen willst", erwiderte ich, wobei ich mich sehr zurückhalten mußte, um ihm nicht meine ganze Geschichte auf einmal zu erzählen. Voller Begeisterung dachte ich daran, was für eine wunderbare Nachricht ich ihm weiterzugeben hatte.

„Joe, du *brauchst* nicht mehr so weiterzuleben. Mir ist es genauso ergangen . . . . . überall verfolgten mich die Geister Vietnams. Aber Gott hat in meinem Leben aufgeräumt. Ich habe Jesus Christus gebeten, in mein Herz zu kommen, und jetzt bin ich alle Schuld und alle Furcht los!"

Sharon und ich hatten bereits vereinbart, daß wir am nächsten Abend zur Calvary Chapel fahren und uns das Samstagabendkonzert anhören wollten. „He, Joe, willst du nicht mit uns kommen?" fragte ich, als die Party begann sich aufzulösen. „Die Musik wird dir bestimmt gefallen. Und außerdem kannst du dort vielleicht noch von anderen das gleiche hören, was ich dir heute abend zu erklären versucht habe."

Sharon war noch auf, als ich heimkam. Offensichtlich wußte sie nicht, was sie erwartete, als ich zur Tür hereinkam. „Du wirst es nicht für möglich halten, was passiert ist", platzte ich heraus. „Ich habe den Jungen erzählt, daß ich Jesus angenommen habe. Und Joe hat wirklich großes Interesse gezeigt. Er fährt sogar morgen abend mit uns zur Calvary Chapel!"

Vielleicht hatte Sharon mich gar nicht richtig verstanden. Jedenfalls schien sie über meine Nachricht nicht gerade begeistert zu sein –, nur erleichtert, daß ich nicht betrunken war. *Vielleicht denkt sie immer noch, das ganze würde bei mir wieder abflauen,* überlegte ich. *Ich muß einfach Geduld haben. Sie sieht es gewiß nur als eine Marotte an. Ich habe ja schon oft genug versprochen, mich zu ändern, aber das hat nie lange angehalten.*

Am folgenden Abend fuhr ein schweigsamer Joe mit uns nach Costa Mesa. Während wir über die Autobahn brausten, starrte er meistens stumm aus dem Fenster. Je näher wir der Kirche kamen, desto häufiger fragte ich mich, ob es wirklich gut gewesen war, ihn einzuladen. *Vielleicht ist christliche Popmusik gar nicht das Richtige für ihn,* dachte ich.

Doch als das Konzert einmal angefangen hatte, schien Joe sich tatsächlich zu entspannen. Nachdem die Musik dann aufgehört hatte zu spielen, fragte der Versammlungsleiter, ob jemand von den Anwesenden Jesus in sein Herz aufnehmen wolle. Joe sprang förmlich über uns hinweg und rannte den Gang hinunter zum Altar. Überrascht sahen Sharon und ich einander an. Als wir uns später am Auto wiedertrafen, meinte er grinsend: „Ich konnte es kaum abwarten, nach vorn zu kommen. Ich hatte die Verwandlung bei dir gesehen, Raul, und was immer es sein mochte, das du hattest –, ich wollte es auch haben!"

Als ich gerade dachte, jetzt wäre nichts mehr vom alten Raul übrig geblieben, hatten Sharon und ich eine Auseinandersetzung. Plötzlich überfiel mich der alte Jähzorn, und ich packte sie hart am Nacken. „Ich wußte es ja!" schrie Sharon, „Ich wußte, daß es nicht anhalten würde!"

Zutiefst über meine eigene Tat erschrocken, zog ich die Hand zurück, dreht mich auf dem Absatz um und verließ das Haus. Ziellos lief ich die Straße entlang. *Das kann doch nicht wahr sein!*

104

schrie ich innerlich, wobei mir die Tränen übers Gesicht liefen. „Was ist los, Gott? Wie konnte das passieren? Ich dachte, du hättest mich verändert! Herr, warum bin ich so wütend geworden? Kannst du mir noch einmal vergeben? Es war verkehrt von mir, Sharon so hart anzufassen. Ich will so etwas doch gar nicht mehr tun! Das war der alte Raul, nicht der neue!"

Nachdem ich so durch die Straßen gelaufen war, vielleicht für eine Stunde oder länger, spürte ich schließlich, wie Gott liebevoll zu mir sprach: „Ich vergebe dir. Auch für diese Sünde ist mein Sohn gestorben." Dabei fühlte ich Seine tröstende Nähe, die mich begleitete.

Als ich endlich in der Lage war, nach Hause zurückzukehren, mußte ich feststellen, daß Sharon immer noch böse auf mich war. „Wo warst du?" wollte sie wissen. „Ich dachte, du hättest dich bekehrt. Warum kannst du dich dann nicht beherrschen?"

„Verzeih mir bitte, Liebling! Ich bin ein bißchen spazierengegangen, damit Gott mit mir reden konnte. Es tut mir leid, daß ich vorhin so wütend geworden bin. Es soll nicht wieder vorkommen."

Doch einfach war es leider nicht. Ein paar Tage später nahm mir ein Autofahrer auf der Autobahn die Vorfahrt und zeigte mir obendrein noch den Vogel. Wieder flammte die alte Wut in mir auf. Ich trat aufs Gaspedal und forderte ihn dazu heraus, sich mir an der nächsten Ausfahrt zu stellen. „Warte!" Eine Stimme in meinem Innern befahl mir, langsamer zu fahren und den Zorn erst einmal verrauchen zu lassen. Aber wieso war ich überhaupt so wütend geworden? Woher war der Jähzorn gekommen? „Ach Herr, ich möchte wirklich niemandem weh tun, aber ich möchte auch kein Waschlappen sein. Oder muß ich es zulassen, daß die Leute mich schikanieren?"

Ich suchte Antwort in der Bibel und stieß auf eine Stelle im Römerbrief, Kapitel 7. Dort steht etwas von dem Konflikt zwischen der Sünde, die noch in meinem Fleisch vorhanden ist, und dem neuen Geist Jesu Christi, der jetzt in mir wohnt. Ich erkannte, daß die Verwandlung nicht plötzlich vor sich geht. Es ist ein langer Prozeß, bis ich endlich begreifen lerne, daß die alte sündige Natur nicht mehr die Herrschaft über mein Leben besitzt. Sie muß zum Kreuz gebracht und mit Christus gekreuzigt werden. Und wenn die

Sünde auch immer noch so tut, als sei ich ihr Knecht, so brauche ich ihren Lügen doch nicht mehr nachzugeben. Ich erkannte aber auch, daß der Kampf, dem Geist Gottes die totale Herrschaft über mein Ich einzuräumen, bis an mein Lebensende anhalten würde.

Diese Erkenntnis half mir ein Stückchen weiter, aber leider kam trotzdem der Augenblick, in dem ich Sharon von neuem einen Stoß versetzte oder sie zu hart anfaßte. Allerdings tat ich ihr nie mehr so weh wie früher, denn ich hielt jedesmal sofort inne und ging spazieren, um dem Herrn mein Leid zu klagen. Trotzdem war dies ein Gebiet, auf dem eine Veränderung unbedingt nötig war, und zwar schnell.

Eines Tages dann, als ich mich wieder einmal an Sharon vergriffen hatte, las ich während einer Pause im Kung Fu-Studio in meiner Bibel. In der Apostelgeschichte fand ich die Begebenheit, wie Saulus nach Damaskus reiste, um dort die Christen gefangenzunehmen und zu Tode zu bringen. Plötzlich blendete ihn ein gleißendes Licht aus dem Himmel, er fiel zu Boden und hörte eine Stimme sagen: „Saul, Saul, was verfolgst du mich?" Saulus fragte: „Wer bist du, Herr?", und die Stimme antwortete: „Ich bin Jesus, den du verfolgst."

Da hatte ich meine Antwort! Sofort rief ich Sharon an, und als sie sich meldete, begann ich zu weinen. „Sharon, ich möchte dir nur sagen, daß es mir *wirklich* leid tut, daß ich dir so weh getan habe." Sie gab keine Antwort, aber es war mir klar, daß sie sich bestimmt innerlich fragte, wie lange sie sich wohl noch diese Entschuldigungen werde anhören müssen. „Ich glaube nicht, daß ich mich in Zukunft noch einmal an dir vergreifen werde", fuhr ich fort. „Ich habe gerade in der Bibel gelesen, und Gott hat zu mir gesagt: ‚Raul, Raul, was verfolgst du mich?' Ich habe erkannt, daß ich jedesmal, wenn ich dich drangsaliere, in Wirklichkeit Gott verfolge."

Dieser dramatische Augenblick, ungefähr sechs Monate nach meiner Bekehrung, war ein echter Wendepunkt in meinem Leben. Die Erkenntnis, daß ich, wenn ich Sharon weh tat, in Wirklichkeit Christus verletzte, war genau die Motivation, die ich benötigt hatte, um mich grundlegend zu ändern. Mein größter Wunsch war es nämlich, Gott zu gefallen. Und ich habe mich von diesem Augenblick an nie mehr an meiner Frau vergriffen.

Kurz vor Weihnachten kam Mamacita aus Mexiko-City zu Besuch. Ich war innerlich voll übersprudelnder Freude, als wir zu meinen Eltern fuhren, um sie zu begrüßen. „Ich weiß, sie wird mich verstehen", sagte ich zu Sharon. „Sie ist Gott immer besonders nahe gewesen."

Die Jahre hatten auf dem Gesicht meiner Großmutter ihre Spuren hinterlassen. Ihr schwarzes Haar war mit silbernen Fäden durchzogen. Doch während wir uns unterhielten, standen ihr die Tränen in den Augen. Ihr ganzer Gesichtsausdruck zeigte tiefen Frieden. Ihr Gebet, das sie vor langer, langer Zeit gesprochen hatte, war erhört worden: Als sie mich sah, wußte sie sofort, daß Gott mein Leben verändert hatte.

Am Sonntag abend ging Mamacita mit Sharon und mir zur Kirche. Der Gottesdienst wurde in Englisch abgehalten, und so konnte sie kein Wort verstehen. So sehr ich mich freute, sie bei mir zu haben, so leid tat es mir, daß sie die Predigt nicht mitbekam. Am Schluß der Versammlung machte der Pastor nach seiner Gewohnheit einen Aufruf, alle, die Christus annehmen wollten, sollten nach vorn kommen. Leise Musik setzte ein. Und ganz plötzlich, ohne jede Vorwarnung, erhob Mamacita sich von ihrem Platz, trat auf den Gang hinaus und schritt nach vorn zum Altar. Wie konnte sie nur verstanden haben, was der Pastor gesagt hatte? Als der Gottesdienst zu Ende war, kam sie, strahlend vor Glück, wieder zu uns. „Ich *wußte* einfach in meinem Herzen, daß ich nach vorn gehen mußte!" erklärte sie auf Spanisch. Wir unterhielten uns noch eine Weile, und ich stellte fest, daß sie vorher nie den Herrn Jesus Christus wirklich gebeten hatte, in ihr Herz zu kommen. „Ich habe immer an Ihn geglaubt. Ich habe auch immer zu Ihm gebetet. Aber heute abend habe ich gemerkt, daß ich noch zusätzlich etwas tun mußte. Und das habe ich getan!"

Meine Tage, die sowieso schon voller Aktivität gewesen waren, wurden jetzt noch voller, denn ich nahm mir viel Zeit zum Bibellesen und fürs Gebet. Auch lud ich Nachbarn und Freunde zum Bibelstudium in unser Haus ein. Des öfteren nahmen wir Bekannte zu den Konzerten in der Calvary Chapel mit. Eines Abends entdeckte ich nach Schluß der Vorstellung das bekannte Gesicht des Mannes, der damals im Fernsehen gesprochen und mich auf Christus hingewiesen hatte. „Sharon!" flüsterte ich meiner Frau zu, „siehst du den Mann dort drüben? Das ist der, der mich zu Jesus geführt hat!"

„Aber Raul, das ist doch Chuck Smith, der Pastor der Calvary Chapel."

„Das kann nicht wahr sein! Da bin ich schon so oft in seiner Kirche gewesen und habe überhaupt nichts davon gewußt!"

Ich fing an, mir die Predigtkassetten von Chuck Smith zu besorgen und sie bei der wöchentlichen Bibelstunde in unserem Haus abzuspielen. Da ich selber noch nicht allzugut mit der Bibel vertraut war, lernte ich ebensoviel durch die Kassetten wie die anderen Besucher des Hauskreises.

Am meisten beschäftigte mich der Gedanke, wie ich meine nächsten Angehörigen zu Jesus bringen könne. Seit ich mich bekehrt hatte, ging meine Mutter ziemlich regelmäßig zu den katholischen Gottesdiensten, doch sie wurde dabei immer unglücklicher. Das Verhältnis zwischen ihr und Vater war inzwischen direkt hoffnungslos zu nennen. Mit meinen Eltern zusammen zu sein, war für mich fast unerträglich. Es kam immer wieder vor, daß wir uns gegenseitig erzürnten, und nicht selten kam es zum offenen Krach.

Dagegen war meine Beziehung zu Xavier etwas besser geworden. In vielen Dingen erinnerte er mich ausgesprochen an Vater. Der Alkohol war auch für ihn ein Problem, und man konnte die schmutzigsten Redensarten aus seinem Mund hören. Hin und wieder hatten Sharon und ich ihn ermahnen müssen, sich mit seiner Ausdrucksweise zusammenzunehmen, wenn er bei uns zu Besuch war. Seine Reaktion hatte darin bestanden, daß er unser Haus mit Bierflaschen bewarf, so daß der Rasen mit Glasscherben übersät war. Andererseits hatten wir aber auch schon viele Stunden im guten, freundschaftlichen Austausch verbringen können. Xavier war meinem Beispiel gefolgt und hatte sich in Kung Fu ausbilden lassen. Wie bereits erwähnt, hatten wir ein gemeinsames Studio eröffnet, und oft gaben wir zusammen eine Vorführung. Leider hatte aber mein Vater ständig versucht, unser Verhältnis zu sabotieren, und so hatte Xavier sich sechs Monate nach der Eröffnung unseres Studios aus dem Geschäft zurückgezogen, da Vater ihn überzeugt hatte, daß ich ihn nur um seinen Gewinn betrügen wolle. Xavier hatte danach selbst ein Studio eröffnet, und das Geschäft ging gut. Hin und wieder taten wir uns zu einer Werbevorführung zusammen, und dadurch war unser Verhältnis wesentlich besser geworden.

Eines Abends spät ging das Telefon, und Sharon nahm den Hörer ab. „Ja . . . . . ja, das ist richtig." Ihre Stimme klang ängstlich. „Ja, hier ist Ries. Ja, sein Bruder ist hier." Sie hielt mit der Hand die Sprechmuschel zu, als sie mir den Telefonhörer reichte. „Es ist die Polizeistation von Covina. Es geht um Xavier."

In geschäftsmäßigem Ton teilte der Beamte mir mit, daß mein Bruder in kritischem Zustand ins Bezirkskrankenhaus von Covina eingeliefert worden sei. „Ich komme sofort", sagte ich. Im Hinausgehen rief ich Sharon zu: „Bete für ihn . . . . . er kennt den Herrn noch nicht!"

Im Krankenhaus angekommen, fand ich eine ziemlich hoffnungslose Situation vor. Der Arzt erklärte mir, Xavier sei mit seinem Motorrad über eine Kreuzung gefahren und von einem Wagen, dessen Fahrer die rote Ampel übersehen hatte, erfaßt worden. Mein Bruder war an der Unfallstelle zunächst für tot erklärt worden, doch die sofort durchgeführten Wiederbelebungsversuche waren erfolgreich gewesen, und man hatte ihn ins Krankenhaus gebracht. Jetzt dämmerte er in einem seltsamen Grenzzustand zwischen Leben und Tod dahin. „Diese Motorräder – jede Woche kriege ich so einen jungen Burschen", sagte der Arzt. „Die eine Hälfte von ihnen kommt durch, die andere Hälfte nicht."

Xavier mußte vier Wochen im Krankenhaus zubringen, und immer wieder betete ich für ihn an seinem Krankenbett. Als es ihm wieder besser ging, versuchte ich ihn, zu Jesus zu führen. Es überraschte mich nicht, daß er offener war als je zuvor. Trotzdem hielt ihn irgend etwas zurück. „Ich weiß nicht, Raul", seufzte er eines Nachmittags, „ich sehe ja die Veränderung an dir, aber ich bin noch nicht bereit, mit meinem Leben abzuschließen. Verstehst du, was ich meine?"

„Ich verstehe nur eines", gab ich zurück, „wenn es Gott nicht gäbe, würdest du überhaupt nicht mehr leben." Ich war erstaunt und zugleich enttäuscht über seine Antwort. Wie war es möglich, daß er das Wesentliche nicht begriffen hatte? Es lag doch klar auf der Hand, daß Gott ihn am Leben erhalten hatte, damit er von nun an für Ihn leben konnte.

Während Xaviers Krankenhausaufenthalt bekannte Mutter mir gegenüber einmal, daß sie trotz ihrer Versuche, aktiv dem katholischen Glauben zu leben, im Grunde immer unzufriedener würde. „Ich gehe regelmäßig in die Kirche", sagte sie, „ich tue alles, was man von mir verlangt, aber innerlich verändert sich bei mir nichts. Ich fühle mich so schrecklich leer. Und mit deinem Vater wird es auch immer schlimmer, Raul. Ich habe solche Angst vor ihm. Irgendwann kommt es bestimmt so weit, daß er mich umbringt."

„Mutter, du mußt Jesus in dein Herz aufnehmen." Ein Bibelvers, den ich auswendig gelernt hatte, kam mir in den Sinn. „Mutter, Jesus hat gesagt: ‚Siehe, ich stehe an der Tür und klopfe an; wenn jemand meine Stimme hört und die Tür öffnet, zu dem werde ich hineingehen und mit ihm essen, und er mit mir.' Das heißt, daß Jesus jede Minute des Tages bei dir sein will, nicht nur in der Kirche oder beim Rosenkranzbeten. Er ist ja am Kreuz für deine Sünden gestorben! Du brauchst überhaupt nichts zu tun, außer daß du sein Geschenk, das Er dir kostenlos anbietet, annimmst. So einfach ist das alles."

Mutter und ich beteten zusammen, aber auch sie war noch nicht ganz bereit, den Herrn in ihr Leben aufzunehmen. Wiederholt sprach ich auch mit meinem Vater. Immer wieder bat ich ihn, sein Leben Jesus zu übergeben, aber er ignorierte meine Worte einfach. Manchmal schimpfte er auch oder machte irgendeine sarkastische Bemerkung darüber, daß ich ja so „heilig" geworden sei. Oder es hieß: „Du und deine heilige Frau meint wahrscheinlich, ihr wärt so viel besser als wir."

Die Enttäuschung meiner Mutter über ihre Kirche ließ mich innerlich nicht zur Ruhe kommen. Ich mußte an die Statuen denken, die sie zu Hause herumstehen hatte. Wie sehr bemühte sie sich, das Rechte zu tun, und trotzdem hatte sie keine lebendige Beziehung zu Gott. Eines Nachmittags fuhr ich, einer plötzlichen Eingebung folgend, zu ihr. Kaum war ich über die Schwelle getreten, da sagte ich schon: „Diese Götzenbilder müssen verschwinden, Mutter!"

110

Sie war entsetzt. „Aber das sind doch keine Götzen, Raul. Ich bete ja gar nicht zu ihnen . . . . ." Mit unsicherer Stimme versuchte sie mir klarzumachen, daß es sich bei den Statuen nur um „Gedächtnisstützen" handele.

„Was heißt, du betest nicht zu ihnen? Wozu sind denn dann die ganzen Kerzen da? Du darst dieses Zeug nicht in der Wohnung herumstehen haben. Es hindert dich daran, Jesus kennenzulernen!" Ich erklärte ihr, was in der Bibel über Götzen geschrieben steht und wer Jesus Christus wirklich ist.

Im Lauf der darauffolgenden Wochen ging Mutter öfter mit uns zur Kirche. Im Anschluß an einen Sonntagvormittaggottesdienst stellte Sharon ihr die Frage: „Wie kommt es eigentlich, daß du in letzter Zeit nicht mehr so oft zur katholischen Kirche gehst?"

„Ja, weißt du . . . . . ich habe in Gedanken die beiden Kirchen miteinander verglichen. Ich meine, ich wäre Gott näher, wenn ich mit euch hierher komme. Ich weiß selber nicht recht, wie das kommt . . . . ."

Sanft fragte Sharon: „Mutter, hast du Jesus schon gebeten, in dein Herz zu kommen?"

Einen Moment lang herrschte Schweigen. Ich sah, wie meiner Mutter die Tränen in die Augen traten. Dann erhellte ein warmes Lächeln ihr Gesicht, als sie erwiderte: „Ja, ich habe Ihn gebeten, in mein Herz zu kommen."

Xaviers Genesung dauerte lange, und die ständigen Schmerzen stellten seine Geduld auf eine harte Probe. Ich bemerkte, daß er innerlich dadurch reifer wurde. Doch wie sehr wünschte ich, daß er den Herrn kennenlernen sollte! Sharon und ich beteten unaufhörlich für ihn, ebenso Mutter und Mamacita.

Schließlich konnte Xavier seine Kung Fu-Übungen wieder aufnehmen. Seine Geschicklichkeit kehrte überraschend schnell zurück, und schon bald konnten wir wieder miteinander arbeiten. Eines Nachmittags übten wir mit Kung Fu-Stäben bei einer Vorführung im Ostteil von Los Angeles. Xavier benutzte seinen Stab dazu, den Schlag des meinen abzuwehren. Wieder und wieder gingen wir nach dem gleichen Schema vor: Ich drehte mich um, er hob seinen Stab, ich griff an, er wehrte den Schlag ab.

Als ich meinen Stab gerade wieder gegen den seinen senkte,

hörte ich plötzlich ein splitterndes Geräusch. Dann sah ich, wie in Zeitlupe, die Spitze seines zerbrochenen Stockes hochschnellen und sein Auge durchbohren. Augenblicklich zog Xavier den Stock heraus und hielt sich mit beiden Händen sein Gesicht. Das Herz wollte mir stehenbleiben. Ich war vor Schreck wie gelähmt. Eine unheimlich aussehende Flüssigkeit tropfte zwischen seinen Fingern hervor. Trotz der vielen Schlägereien, die ich mitgemacht hatte, trotz des furchtbaren Tötens, das ich in Vietnam gesehen hatte, zitterte ich am ganzen Körper wie Espenlaub. Ich hatte mich für einen hartgesottenen Burschen gehalten, aber jetzt zeigte es sich, daß mein neues Herz einfach nicht in der Lage war, eine solch schreckliche Verletzung zu ertragen. Instinktiv wußte ich, daß Xaviers Auge verloren war.

Ich weiß nicht, wie lange meine Erstarrung anhielt; vielleicht waren es nur ein paar Sekunden. Dann griff ich nach einem Handtuch, hielt es ihm vors Gesicht, und wir rasten auf schnellstem Wege zum Krankenhaus. Auf der Unfallstation bestätigte der diensthabende Arzt das Ausmaß der Verletzung. Was von Xaviers Auge übriggeblieben war, mußte ebenfalls entfernt werden. Noch nie hatte mir eine Sache eine derartige Not bereitet. Ich hätte mit Freuden mein eigenes Auge herausgerissen und es meinem Bruder gegeben.

Als Xavier einige Stunden später aus der Narkose aufwachte, stand ich an seinem Bett und hielt ihm die Hand. Er war noch benommen von der Betäubung, doch als er mich erkannte, überzog ein breites Lächeln sein Gesicht. „Wie fühlst du dich?" fragte ich.

„Du wirst es mir nicht glauben", gab er zur Antwort. „Ich habe überhaupt nichts gespürt. Ich hatte nicht die geringsten Schmerzen."

„Das ist mir unbegreiflich. Es war der schrecklichste Anblick, den ich in meinem Leben gesehen habe."

„Ich muß dir aber noch etwas anderes sagen. Im gleichen Augenblick, als der Stock mein Auge traf, *wußte* ich, daß ich Jesus Christus mein Leben übergeben mußte. Ich habe Ihm auf der Stelle gelobt, von nun an Ihm gehören zu wollen."

Es dauerte eine Weile, bis ich die Bedeutung seiner Worte

begriffen hatte. Dann aber flossen bei mir die Freudentränen, während ich seine Hand fest drückte. Xavier lachte leise über meine Gefühlsaufwallung und sagte dann: „Jesus hat doch einmal einen Blinden geheilt. Und dieser Mann sagte anschließend: 'Ich war blind, aber jetzt kann ich sehen.' Ist das nicht so?" Bei Xavier gab es kein physisches Heilungswunder. Aber durch dieses tragische Ereignis wurde er für immer von seiner geistlichen Blindheit befreit. Und das Glasauge, das ihm später eingesetzt wurde, sieht äußerst echt aus, so daß es beinahe unmöglich ist, das natürliche von dem künstlichen Auge zu unterscheiden.

Nach und nach waren also meine Angehörigen zu einer lebendigen, glücklichen Beziehung zu Christus durchgedrungen. Aber die Last, die ich für meinen Vater empfand, wurde immer schwerer. Seine Trunksucht beeinträchtigte nicht nur seine Gesundheit, sondern wirkte sich auch verheerend auf seine Ehe aus und trieb Mutter an den Rand der Scheidung. Es schien keine Hoffnung mehr für ihn zu geben .... wenn kein Wunder geschah.

11

SEINE HAND RUHT AUF MIR

„So sehr hat Gott die Welt geliebt!" brüllte ich über den Lärm hinweg. Es war Mittagspause in der Oberschule von Baldwin Park, und eine ausgelassene Schülerschar schien sich einen ungeheuren Spaß daraus zu machen, meine Predigt mit Pfiffen und Buhrufen zu übertönen. Einen Augenblick lang kam mir der Gedanke, ich könne Gottes Reden zu mir vielleicht mißverstanden haben. Wenige Wochen zuvor, als ich gerade kurz vor dem Einschlafen noch gebetet hatte, Gott möge mir zeigen, wie Er mich gebrauchen wolle, hörte ich ganz klar den Befehl: „Geh zu deiner alten Schule nach Baldwin Park und predige dort das Evangelium." Augenblicklich war ich hellwach. Hatte ich mir diese Worte nur eingebildet?

Gleich am nächsten Tag machte ich mich auf den Weg zur Schule und bat darum, den Direktor sprechen zu dürfen. Mr. Gilbert war nicht mehr da, aber mein trauriger Ruhm war unvergessen. Der neue Direktor und der für die Jungen verantwortliche Oberlehrer riefen prompt die Polizeistation von Baldwin Park an. „Laß dich hier nicht noch einmal blicken, Ries, sonst stecken wir dich ins Gefängnis", bekam ich zu hören. „Du bist an diesem Platz schon lange nicht mehr willkommen."

Ich war zwar zuerst ein wenig entmutigt, aber die Worte, von denen ich überzeugt war, daß Gott sie gesprochen hatte, waren so klar gewesen, daß ich nicht so leicht aufgeben konnte und wollte. Ein paar Tage später ging ich also wieder hin, und diesmal ließen mich die beiden Schulleiter sogar Platz nehmen und ihnen etwas von dem erzählen, was Gott in meinem Leben getan hatte. „Ich bin absolut nicht mehr derselbe, den Sie früher gekannt haben", versuchte ich ihnen klarzumachen, „Jesus hat mich total umgekrempelt. Ich weiß, daß die Jungen und Mädchen an dieser Schule sehr viele Probleme haben, und das, was ich erlebt habe, könnte eine Hilfe für sie sein. Ich bitte nur um das eine, daß ich während der Mittagspause Gelegenheit bekomme, zu allen denjenigen zu sprechen, die mir zuhören wollen."

Die beiden Männer sahen sich an und gaben dann zögernd ihre Einwilligung. „Aber du mußt allein klarkommen", sagte der Direktor. „Erwarte bitte nicht, daß wir auf dich aufpassen!"

Voller Optimismus begann ich mit meiner Mittags-Bibelstunde und wurde jedesmal mit Schimpfworten und Essensresten, die man nach mir warf, empfangen. Ich war der neueste Witz auf dem Schulgelände, und die Jungen und Mädchen lachten so laut, daß mich kaum jemand hören konnte. „Es ist nur gut, daß sie das nicht früher bei mir versucht haben", sagte ich eines Abends grinsend zu Sharon. „Ich hätte sie alle *erledigt.*" Doch obwohl man mir derart abweisend begegnete, ging ich beharrlich jede Woche wieder hin, so wie Gott es mir befohlen hatte.

Um diese Zeit geschah es, daß mein neuer Mensch wieder eine schwere Prüfung zu bestehen hatte. Meine Schwester Sonia hatte standesamtlich geheiratet, als sie fünfzehn Jahre alt war. Inzwischen war sie achtzehn geworden und mußte sich, um den Segen der katholischen Kirche zu bekommen, nun auch kirchlich trauen lassen. Die ganze Familie war zu diesem Ereignis eingeladen.

Ich hatte das unbestimmte Gefühl, daß wir nicht hingehen sollten. „Irgendwas passiert da ganz bestimmt, Sharon", sagte ich. „Wir begeben uns nur selbst in Schwierigkeiten, wenn wir uns dort sehen lassen."

„Aber Raul, Sonia ist doch deine *Schwester!*" protestierte Sharon. „Wenn wir nicht hingehen, wird sie uns das im Leben nicht verzeihen."

„Ich weiß", seufzte ich. „Aber es ist trotzdem kein kluger Schritt, glaub mir!"

Die einstündige Zeremonie in der katholischen Kirche ließ traurige Erinnerungen in mir wach werden. Ich hatte mit meiner Schwester und ihrem Mann Gary öfter darüber gesprochen, wie wichtig es sei, eine persönliche Beziehung zu Christus zu haben. Sie ließen dieses ganze Ritual nur über sich ergehen, um meinen Angehörigen einen Gefallen zu tun, obgleich sie selber darin überhaupt keinen Sinn sahen. Wozu das alles? Als der Gottesdienst sich dem Ende näherte, flüsterte ich: „Sharon, laß uns nach Hause gehen!"

In der Wohnung meiner Eltern sollte hinterher eine kleine Feier stattfinden. „Laß uns doch nur schnell ein Stück Kuchen essen und dann heimfahren", meint Sharon. Kaum waren wir angekommen, da kam Vater mit einem Glas Sekt auf Sharon zu, das er ihr in die Hand drücken wollte. „Nein, danke", sagte sie freundlich. Vater wußte, daß sie keinen Alkohol trank.

„Was soll das heißen, nein danke?" funkelte Vater sie an. „Das hier ist eine *Hochzeit.* Kannst du nicht mal ein Gläschen auf das Wohl von Braut und Bräutigam trinken?"

„Du weißt, daß ich ihnen von Herzen alles Gute wünsche. Trotzdem möchte ich den Sekt lieber weitergeben."

Ich beobachtete den Zwischenfall mit wachsendem Ärger. Niemand hatte bis jetzt etwas von dem Wortwechsel gemerkt, aber Vater hatte durchaus die Absicht, eine große Sache daraus zu machen. „Hört mal alle her!" rief er laut. „Hier will jemand nicht mittrinken! Ist so was möglich!" Sharon war bereits dabei, die Kinder zusammenzutrommeln, damit wir uns auf den Heimweg machen konnten. Xavier und seine Frau, die bemerkt hatten, in was für einer mißlichen Lage wir uns befanden, wollten mit uns zusammen aufbrechen.

Ich versuchte, Vater gut zuzureden. „Laß doch, Papa .... reg dich nicht auf!" Der Zorn wollte in mir hochsteigen, und ich wurde unwillkürlich an frühere Zeiten erinnert. Damals hätte ich mit Vergnügen eine solche Gelegenheit beim Schopf ergriffen, meinen Vater in Verlegenheit zu bringen oder ihm gar weh zu tun.

Vater drehte sich nach mir um und versetzte mir einen Stoß in die Magengegend. „Du —— Heuchler!" Wütend schleuderte er mir die Worte ins Gesicht, und seine Alkoholfahne brannte mir in der Nase. „Deine Frau hält sich wohl für zu gut, um auf das Wohl deiner Schwester anzustoßen! Willst du das etwa durchgehen lassen?"

„Ruhig Blut, Papa . . . ." Ich versuchte mich zu verdrücken, da ich sah, daß Sharon und die Jungen sowie Xavier mit seiner Frau Trudy schon aufbruchfertig an der Tür standen.

Vater packte mich am Hemd. „Du bist mir vielleicht ein Feigling!" Mittlerweise war es im Raum totenstill geworden. „Zu religiös, um mit mir zu kämpfen, wie?" brüllte er.

Ich drehte mich auf dem Absatz um und lief auf die Tür zu. Vater folgte mir und gab mir einen Stoß. Ich schob ihn mit meinem Fuß beiseite. „Habt ihr das gesehen?" schrie er. „Diesen Kung Fu-Tritt, den er mir gegeben hat? Du bist mir vielleicht ein schöner Christ."

Sharon, die Kinder und ich rannten jetzt hintereinander her die Straße entlang, um zu unserem Auto zu gelangen. Vater verfolgte uns, und die Luft war erfüllt von seinen Lieblingsschimpfworten. „Du elender Feigling! Du scheinheiliger Heuchler! Deine Religion ist nichts weiter als eine große Show! In Wirklichkeit hast du bloß *Angst*, mit mir zu kämpfen!"

Zum ersten Mal in meinem Leben rannte ich vor einer Schlägerei weg. Ja, ich hatte tatsächlich Angst! Angst, daß ich ihn, wenn ich mich mit ihm einlassen würde, umbringen könnte! Innerlich total aufgewühlt, sprang ich ins Auto. Der alte Jähzorn kämpfte mit meinem neuen Geist, aber ich wollte ihm keine Chance geben, den Sieg davonzutragen.

„Besten Dank!" sagte ich bissig zu Sharon, während der Wagen sich in Bewegung setzte und Vater weiter vom Bürgersteig aus hinter uns herschimpfte. „Das ist alles bloß deine Schuld!"

„Es tut mir schrecklich leid . . . ." murmelte sie. „Du hattest tatsächlich recht. Was für eine Katastrophe!"

Zu Hause angekommen, wurde ich endlich ruhiger, so daß ich einen Spaziergang machen und mich mit Gott unterhalten konnte. Es war mir klar, daß ich in dieser Situation nichts anderes hatte tun können als wegzulaufen. „O Herr", betete ich, „gibt es überhaupt noch Hoffnung für meinen Vater? Kannst du ihn irgendwie zu dir ziehen?"

117

Zum Glück gab es so viel zu tun, daß meine Aufmerksamkeit von Vater weggelenkt wurde. Eines Morgens blies ein warmer Wind den Nebel aus dem Tal. Es war ein herrlicher Tag, und ich schlug vor, Sharon solle mit mir zu meinem wöchentlichen Evangelisationseinsatz in der Oberschule von Baldwin Park fahren, aber sie wollte nicht. „Geh du nur allein", sagte sie, „ich werde für dich beten." Ich hätte es gern gesehen, wenn Sharon sich mit mir im Dienst engagiert hätte, aber sie war noch nicht so weit. Obwohl sie wußte, daß Gott Seine Hand auf mein Leben gelegt hatte, dauerte es seine Zeit, bis sie sich innerlich mit der Realität des göttlichen Wirkens in mir abfinden konnte.

Als ich wie üblich zur Mittagszeit auf dem Schulgelände ankam, spürte ich, wie Gott zu mir sprach: „Stell dich diesmal nicht auf die Wiese, sondern klettere auf eine Bank."

Ich gehorchte und versuchte, etwas zu sagen, aber die Worte wollten nicht kommen. „Herr", betete ich still, „du mußt einfach durch mich reden."

Plötzlich hörte ich mich selber rufen: „Hört mal alle her! Ich bin selber in diese Schule gegangen. Ich habe viele Schlägereien hinter mir. Ständig war ich in Schwierigkeiten. Ich wette, ich bin öfter aus der Schule geflogen als ihr alle zusammen!" Während ich sprach, spürte ich, daß Gott es war, der mir Seine Worte eingab. Sie flossen ungehindert über meine Lippen. Ich wußte selber nicht genau, was ich da sagte, nur, daß ich es mir nicht vorher zurechtgelegt hatte. Die sonst so unruhige Menge wurde plötzlich mucksmäuschenstill.

„Ich habe jemanden kennengelernt, der mein Leben total verändert hat. Er heißt Jesus Christus. Du solltest Jesus gerade jetzt bitten, in dein Leben zu kommen! Ein ganzer Mann, eine ganze Frau ist nötig, um Ihm nachzufolgen. Hör, Jesus war bereit, für dich zu sterben. Bist du bereit, an Ihn zu glauben und Ihm nachzufolgen? Wenn du jetzt Seine Vergebung annehmen möchtest, komm hierher und sprich mit mir. Warte keinen Augenblick länger!"

Zuerst Schweigen ..... dann ein Scharren. Eine Handvoll junger Leute bewegte sich auf mich zu. Ich wollte meine Augen nicht trauen. Während die ersten kamen, schlossen sich weitere an. Einige von ihnen weinten. Da waren Pärchen, die sich an den Händen hielten, Sportskanonen, Rauhbeine, Bandenführer, Bücherwürmer. Alle, alle kamen sie. Als die Menge schließlich vor mir stand, sprach ich ihnen ein Gebet vor wie das, das ich damals gebetet hatte, als ich Jesus Christus als meinen Herrn und Heiland annahm. Später sagte mir eine Bekannte, sie habe vierhundert Teenager gezählt – ungefähr ein Fünftel der gesamten Schülerschaft!

Von diesem Tag an waren meine Einsätze in der Oberschule wie umgewandelt. Ich konnte es kaum erwarten, jede Woche wieder hinzufahren und eine Schar von eifrigen Neubekehrten aus der Bibel zu unterrichten. Wir beteten zusammen, sangen miteinander und ließen uns gegenseitig an unserem Ergehen teilnehmen.

Der kleine Bibelkreis, den Sharon und ich in unserem Haus begonnen hatten, indem wir uns Chuck Smiths Predigtkassetten anhörten, war mittlerweile ebenfalls gewachsen. Als er dreißig Personen überschritten hatte, waren wir ins Kung Fu-Studio umgezogen. Viele von den Oberschülern kamen dazu und brachten ihre Angehörigen mit. Wir luden sie ein, am Sonntag mit uns in die Kirche zu gehen, aber bald waren wir so viele, daß unsere Freunde darum baten, sich am Sonntagmorgen im Studio treffen zu dürfen.

Ich hatte nie die Absicht gehabt, selber eine Gemeinde aufzumachen, aber konnte ich etwa das Wirken des Geistes Gottes bremsen? Meine Zeit brachte ich mehr und mehr damit zu, zu predigen und aus der Bibel zu lehren. Das Ergebnis war, daß das Kung Fu-Geschäft zurückging. Als erstes gab ich die Werbevorführungen auf, wodurch ich bisher die meisten Schüler bekommen hatte. Einige andere verließen mich, nachdem ich ihnen mein Zeugnis gegeben und sie eingeladen hatte, nach dem Unterricht im Studio zu bleiben, um mehr über Jesus zu erfahren. Sie waren zwar alle dageblieben – keiner hätte es gewagt wegzugehen –, aber hinterher kamen manche von ihnen nicht mehr wieder.

Der Rückgang im Geschäft beunruhigte mich nicht weiter; ich sagte Sharon auch nichts davon, wie sehr sich unser Einkommen verringert hatte. Irgendwie war mir klar, daß der Kung Fu-Unterricht nicht meine Lebensaufgabe sein konnte. Nie war ich so glücklich, als wenn ich einen von den jungen Leuten in der Schule oder jemand von denen, die sich im Studio versammelten, zu Christus führen konnte. Ich brauchte nur an Joe zu denken oder an Dave, der sich immer mit Drogen vollgestopft hatte. Joe und ich hatten Dave eines Abends besucht und mehrere Stunden lang mit ihm über Jesus gesprochen. Wie hatten wir uns gefreut, als er im Gebet Christus in sein Leben aufnahm und wir anschließend Zeuge wurden, wie er alle seine Drogen in die Toilette warf!

Innerhalb von wenigen Monaten waren es über dreihundert Menschen, die sich zum Bibelstudium im Studio versammelten. Wir mußten wieder umziehen, diesmal weiter die Straße hinunter ins Fox-Theater. Dann teilt mir Sharon eines Tages mit, daß sie wieder schwanger sei. Ich war glücklich in der Erwartung, noch einmal ein Baby im Hause zu haben.

Nachdem wir im neuen Saal waren, wuchs der Versammlungs-besuch noch schneller. Eines Abends kam Chuck Smith zu uns und predigte. Nach dem Gottesdienst gingen Sharon und ich mit ihm zum Essen in ein Restaurant, und dort erzählte ich ihm, wie Gott ihn dazu benutzt hatte, mich zu Christus zu führen. Chuck war tief bewegt über meine Bekehrungsgeschichte und über die offensicht-liche Frucht, die mein Zeugnis in der Umgebung gewirkt hatte. „Raul", sagte er, „wir wollen in Kürze einen besonderen Intensiv-Bibelkursus in Costa Mesa durchführen, der eine Woche dauern soll. Willst du nicht auch daran teilnehmen? Er würde dir bestimmt helfen, noch mehr aus der Bibel zu lernen."

Ich nahm seine Einladung mit Freuden an und meldete mich unverzüglich zur „Hirtenschule" an. Dieses einwöchige vollzeit-liche Bibelstudium weckte in mir die Überzeugung, daß ich nichts lieber tun wollte, als das Evangelium zu verkünden. Ich wurde motiviert, mehr Zeit darauf zu verwenden, Gottes Wort zu stu-dieren und es effektiv an andere weiterzugeben. Die Tatsache, daß Englisch nicht meine Muttersprache war, bedeutete allerdings ein Problem, ebenso wie mein Mangel an biblischem Wissen. Und trotz dieser offensichtlichen Hindernisse gebrauchte Gott mich.

Eines Tages sprach ich mit Sharon beim Abendessen über meine Gedanken: „Es scheint so, als müßte ich das Kung Fu-Studio zumachen. Ich habe einfach nicht genügend Zeit, mich intensiv mit dem Unterricht zu befassen."

Sharon wurde bei dieser Nachricht blaß. „Aber Raul, gerade jetzt, wo das Baby kommt? Woher sollen wir das Geld nehmen, um leben zu können? Niemand bezahlt dir etwas dafür, daß du das Evangelium verkündigst."

„Mach dir darüber keine Sorgen. Gott wird schon für uns sorgen. Ich sehe mich nach einer Arbeitsstelle um, damit wir genug zum Leben und auch für unser Baby haben. Bis jetzt hat der Herr noch immer eine Arbeit für mich gehabt."

Kurze Zeit später traf ich mich wieder mit Chuck Smith. „Ich habe gerade gestern mit jemand aus dem San Gabriel-Tal gesprochen", sagte Chuck. „Er meinte, wir brauchten eine Calvary Chapel in der Gegend. Weißt du, was ich ihm geantwortet habe?"

„Nein, was?"

„Ich habe ihm gesagt, daß wir bereits eine haben." Er lächelte breit, während er meine Reaktion beobachtete.

„Du meinst . . . . uns!" Ich sprang auf. „Ich kann es kaum fassen! Dürfen wir uns wirklich 'Calvary Chapel von West Covina' nennen?"

„So ist es." Chuck mußte über meinen Gefühlsausbruch lachen. „Und außerdem möchte ich, daß du dich auf die Ordination vorbereitest, Raul. Du hast dir viel Mühe gegeben und eifrig gelernt. Meine Mitarbeiter und ich werden dir helfen, daß du ordiniert wirst." Der Ordinationsgottesdienst fand dann offiziell am 28. November 1975 statt.

Eines der Dinge, die ich von Chuck gelernt hatte, war die Tatsache, daß Gott, wenn Er ein Werk segnet, auch für die notwendigen finanziellen Mittel sorgt. Bis jetzt wußte noch niemand etwas von unserem Plan, und ich hatte auch nicht die Absicht, um Geld zu betteln. Ich wollte kein Geld von der Gemeinde nehmen, und ich hatte bereits genug gesehen, um zu wissen, daß selbst Geistliche Gelder mißbrauchen können. Aber Sharon machte mir deutlich, daß wir uns tatsächlich in einer finanziellen Notlage befanden, als sie eines Tages von der monatlichen Vorsorgeuntersuchung nach Hause kam. „Raul, das Krankenhaus verlangt, daß wir 800 Dollar für die Entbindung bezahlen müssen – und zwar im voraus! Wenn wir das Geld nicht bis zum achten Monat überwiesen haben, kann ich das Baby dort nicht zur Welt bringen."

„Darum wird Gott sich schon kümmern", tröstete ich sie. „Mach dir bloß keine unnötigen Sorgen."

Um sie etwas zu beruhigen, nahm ich stundenweise eine Arbeit an, indem ich die Regale in einem Lebensmittelmarkt auffüllte. Wir waren uns allerdings beide darüber im klaren, daß das mehr oder weniger eine symbolische Handlung war, denn mit dem Gehalt von fünf Dollar pro Stunde konnte ich niemals die Kosten fürs Krankenhaus aufbringen. Es schien direkt eine Ironie zu sein, daß ich für ein derart geringes Entgelt arbeitete, nachdem ich noch vor kurzem dreihundert Dollar und mehr pro Stunde mit dem Studio verdient hatte. Aber ich wollte tun, was ich konnte, um meine Familie durchzubringen, im festen Vertrauen, daß Gott dann Seinerseits uns das geben würde, was wir brauchten.

Eines Tages kam Sharon mit der eben eingegangenen Post ins Haus gestürzt. Ihr Gesicht glühte vor freudiger Erregung. „Sieh mal!" Sie warf mir einen Brief zu. „Vierhundert Dollar!" Das war die Hälfte der Kosten fürs Krankenhaus. In dem Brief stand: „Gott hat es uns aufs Herz gelegt, Euch dieses zu schicken!" Der Absender fehlte.

Ein paar Wochen später veranstalteten die Frauen unserer Bibelgruppe eine Party für Sharon. Sie hatten Geld gesammelt, um ein besonderes Geschenk für das Baby zu kaufen, aber es war mehr zusammengekommen, als sie erwartet hatten. „Wir wußten nicht, was wir dir kaufen sollten", sagte die Gastgeberin zu Sharon, „deshalb geben wir dir einfach das Geld. Du kannst dir selber etwas besorgen, was du brauchst." Mit einem Lächeln überreichte sie Sharon einen Briefumschlag. Darin befand sich . . . . . . ein weiterer Scheck über vierhundert Dollar!

Am Abend beteten Sharon und ich zusammen und dankten dem Herrn für das Geld. Dann sah mich meine Frau mit einem sonderbaren Blick an: „Raul, Gott hat Seine Hand auf dich gelegt. Das ist mir gerade heute durch die wunderbare Art und Weise, wie Er uns dieses Geld geschickt hat, ganz klar geworden. Und außerdem gebraucht Er dich dazu, so viele Menschen zu sich zu ziehen. Ich habe am Anfang gedacht, deine Begeisterung würde nach einiger Zeit bestimmt wieder abflauen, aber das ist nicht der Fall gewesen. Es wäre verkehrt, wenn ich noch länger Zweifel dir gegenüber hegen würde."

Dreieinhalb Jahre ware seit meiner Bekehrung vergangen, als Sharon diese wunderbaren Worte sagte. Wie froh war ich, daß ich ihr Zeit gegeben hatte, das Wirken Gottes in meinem Leben zu verfolgen. Unsere Ehe wurde von nun an noch stabiler, und wir fingen an, von ganzem Herzen gemeinsam dem Herrn zu dienen.

Das Fox-Theater füllte sich rasch, und die „Calvary Chapel von West Covina" mußte bald jeweils zwei Gottesdienste am Sonntag durchführen. Wir benutzten das inzwischen geschlossene Studio dazu, während der Versammlungen die Kleinkinder zu beaufsichtigen. Finanziell ging es uns immer noch nicht gerade rosig, aber nach und nach fingen die Leute an, uns Geld zu geben, ohne daß wir sie darum gebeten hatten. Ein Geschäftsmann, der nichts von unserer Notlage wußte, sagte mir, Gott habe ihm gezeigt, daß er jeden Monat seinen Zehnten in die Gemeinde geben solle, um mich damit zu unterstützen. Dann beschloß der Vorstand, am Sonntagmorgen ein Opfer zu erheben und mir ein regelmäßiges Gehalt zu zahlen. Aber die Raumnot war bei weitem das größte Problem. Selbst jetzt, da wir zwei Gottesdienste hintereinander abhielten, war der Saal überfüllt.

Eines Tages fuhr ich an einem alten, mit Brettern vernagelten „Safeway"-Supermarkt vorbei und sah dort ein schäbiges Schild mit der Aufschrift „ZU VERKAUFEN". Nachdem ich mich mit dem zuständigen Immobilienmakler in Verbindung gesetzt und den Preis ausfindig gemacht hatte, kratzten unsere Gemeindemitglieder tatsächlich die für die Anzahlung benötigten 1500 Dollar zusammen. Wir waren überzeugt, daß Gott uns dieses Gebäude zugedacht hatte, und beschlossen, ein Darlehen aufzunehmen. Der Bankmanager lachte uns zwar nicht direkt aus, aber seine Auskunft lautete klipp und klar: „Ich kann Ihnen leider kein Darlehen geben, weil mir nichts über Ihre Kreditwürdigkeit bekannt ist."

Ich fuhr nach Costa Mesa, um Chuck Smith zu besuchen, den ich ja mittlerweile als meinen Pastor betrachtete. Ihn fragte ich um Rat wegen des alten „Safeway"-Marktes. Und diesem Rat folgend, hatte unsere junge Gemeinde bald darauf ein neues Zuhause.

Meine Verbindung mit Chuck Smith führte zu etlichen interessanten Gelegenheiten. Als wir uns eines Tages unterhielten, fragte mich Chuck, ob ich nicht mit ihm nach Israel fliegen wolle.

„Ich? Du machst doch sicher nur Spaß!"

„Wieso? Hättest du keine Lust, den Premierminister von Israel kennenzulernen?"

Zum Glück besaß ich einen gültigen Paß. Wenige Tage später saßen Chuck und ich im Büro eines der größten Politiker der Welt – Menachem Begin. Während wir darauf warteten, daß er von einem anderen Termin zurückkehrte, mußte ich unwillkürlich an meine Kindheit in Mexiko-City und die ersten vierzehn Jahre in Amerika zurückdenken. Ich dachte an den Haß, der so hemmungslos in meinem Herzen um sich gefressen hatte, als ich ein Teenager und dann ein junger Mann gewesen war. Ich dachte an Vietnam und all das Schreckliche, das ich dort erlebt hatte, und an meine späteren verzweifelten Versuche, Karriere zu machen. Ich dachte an Sharon und den ewigen Streit in unserer Familie, und auch an meinen vergeblichen Kampf, ein anständiges Leben zu führen. Vierundzwanzig Jahre lang war nichts dabei herausgekommen als lauter Fehlschläge.

Und jetzt saß ich hier in Menachem Begins Büro! Keine menschliche Anstrengung meinerseits hätte mich jemals hierher bringen können. Es war ja kaum möglich gewesen, in die Oberschule von Baldwin Park hineinzukommen. *Gott, du öffnest ungeahnte Türen für mich! Alles, was seit jenem schicksalhaften Sonntagabend passiert ist, geht auf dein Konto!*

Dann aber überschattete für einen Moment Traurigkeit meine strahlende Stimmung. *Mein Vater! Ich wünschte, er wäre jetzt hier. Wie stolz würde er sein!*

Meine Gedanken wurden durch das Erscheinen des großen Mannes unterbrochen. Nachdem er uns freundlich begrüßt hatte, sprachen wir über den Zweck unseres Besuches und tauschten anschließend einige tiefsinnige Gedanken über die prophetische Zukunft Israels aus. Ein paar Minuten später war das Treffen zu Ende.

Wieder zu Hause angekommen, versuchte ich, dieses aufregende Erlebnis meinen Eltern mitzuteilen. „Ich wünschte nur, du hättest dabei sein können", schwärmte ich Vater vor. „Es war phantastisch." Mein Vater nickte, brummte etwas vor sich hin und wandte sich ab. *Ob er sich wohl jemals ändern wird?* dachte ich. *Das wäre wirklich ein ausgesprochenes Wunder!*

Eines Samstagabends im Herbst 1982 klingelte das Telefon. „Deine Mutter", flüsterte Sharon, während sie mir den Hörer reichte.

„Raul . . . . . ich habe solche Angst . . . . ." Mutters Stimme versagte, und sie fing an zu schluchzen. „Dein Vater ist betrunken . . . . . und er quält mich so fürchterlich . . . . ."

„Wo ist er jetzt?"

„Er schläft gerade. Aber er ist so unruhig . . . . . bestimmt wacht er gleich wieder auf, und dann . . . . . wer weiß, was passieren kann?"

„Komm zu uns und bleib über Nacht hier. Morgen, wenn er wieder nüchtern ist, will ich versuchen, mit ihm zu reden."

Nach vielen Jahren ständiger Aufregung hatte Mutter schließlich den Mut aufgebracht, sich von Vater scheiden zu lassen. Dann hatte er einen Herzinfarkt bekommen, und die Ärzte hatten ihm gesagt, er müsse das Trinken aufgeben, wenn er am Leben bleiben wolle. Durch dieses Ereignis waren meine Eltern wieder zusammengekommen und hatten noch einmal geheiratet. Aber Vaters Laster ließ sich einfach nicht brechen. Kurze Zeit später trank er wieder. Und nur zu oft mußte Mutter sich vor seinem Jähzorn in den Frieden unseres Hauses retten.

Ich wußte nicht mehr, wie oft ich versucht hatte, meinem Vater etwas von Jesus zu sagen. Er war nur einige wenige Male in unserer Kirche gewesen, und zwar dann, wenn unsere Kinder irgend etwas vorführten. Bei diesen Gelegenheiten hatte er ganz hinten am Ausgang gestanden, hatte die Darbietungen seiner Enkel verfolgt und war dann schleunigst wieder verschwunden.

Am Sonntag morgen machten wir drei uns mit unseren drei Jungen in gedrückter Stimmung auf den Weg zum Gottesdienst. Mein Predigttext war diesmal dem 1. Johannesbrief entnommen. Ich hatte begonnen, die Bücher der Bibel systematisch Vers für Vers durchzunehmen. An diesem Morgen versuchte ich meinen Zuhörern klarzumachen, was der gute alte Apostel Johannes den Empfängern seines Briefes, die er mit „meine Kindlein" anredete, zu sagen hatte.

Ich schloß meine Predigt mit einem meiner Lieblingsverse: „Und dies ist die Zuversicht, die wir zu ihm haben, daß, wenn wir etwas nach seinem Willen bitten, er uns hört. Und wenn wir wissen, daß er uns hört, um was irgend wir bitten, so wissen wir, daß wir die Bitten haben, die wir von ihm erbeten haben."

Wie immer, machte ich auch diesmal einen Aufruf. „Gottes Wille ist, daß du Seinen Sohn Jesus Christus aufnimmst. Wenn du Ihn bittest, in dein Leben zu kommen, dir deine Sünden zu vergeben und einen neuen Menschen aus dir zu machen, dann tut Er das. Du wirst haben, um was du bittest. Das ist Sein Wille. Darum komm jetzt nach vorn und nimm Ihn in dein Herz auf. Ein Seelsorgehelfer steht bereit, um mit dir zu beten und dir zu helfen."

Ich schloß die Augen und betete, während ich auf diejenigen wartete, die nach vorn kommen würden. Im stillen nahm ich die verlesene wunderbare Verheißung für mich in Anspruch. *Danke, daß du dein Wort hältst, Herr Jesus. Du hast meine Gebete für Sharon, für Mamacita, für Xavier, für meine Mutter und für die vierhundert Jugendlichen in der Oberschule von Baldwin Park erhört. Herr, du kannst auch meinen Vater verändern. Ich weiß, daß das dein Wille ist. Danke, daß du mich verändert hast. Du hast mir vergeben und meine Vergangenheit durch dein Blut gereinigt. Wenn du mich gebrauchen kannst, kannst du irgend etwas tun!*

Endlich blickte ich auf, um mit denen zu beten, die nach vorn gekommen waren. Etliche knieten bereits am Altar, aber plötzlich fiel mein Blick auf einen weiteren Mann, der mit gesenktem Kopf den Mittelgang herabgeschritten kam. Ich spürte einen dicken Kloß im Hals, und dann strömten mir die Tränen über die Wangen. Ich war kaum in der Lage, mit den Leuten zu beten, so aufgewühlt war ich innerlich.

Und dann, als die Seelsorgehelfer mit ihm und einigen anderen in den Gebetsraum gegangen waren, verkündigte ich den Versammelten: „Das war mein Vater!" Spontan fingen die Zuhörer an zu klatschen und zeigten mir damit ihre Liebe und ihr Mittragen. Das „ausgesprochene Wunder" war tatsächlich geschehen!

12

DIE INNERE LEERE IST VERSCHWUNDEN!

Ein frischer Wind hatte die ganze Nacht geweht und den Nebel aus dem San Gabriel-Tal vertrieben. Ein klarer, wolkenloser Himmel wölbte sich über den Bergen und ließ einen sonnigen Nachmittag erwarten. Tiefer Friede erfüllte mein Herz, während ich auf dem Weg zur Wohnung meiner Eltern war. Ich fuhr durch die altbekannten Straßen von Baldwin Park, und die innere Freude erwärmte mein Herz wie der Sonnenschein die Natur.

Wie anders war es doch bei meinen Eltern geworden, seit sie ihr Leben Jesus gegeben hatten! Jetzt machte es mir direkt Spaß, sie zu besuchen und mich mit ihnen auszutauschen. *Es ist wirklich ein Wunder,* überlegte ich, während ich den Wagen vor ihrem Haus parkte.

Im Wohnzimmer ließ ich die Augen rasch über die verschiedenen Gegenstände gleiten, die den Raum zierten. Bilder, Lampen und Bücher, dazu Nippsachen und andere Kleinigkeiten aus Mexiko. Die meisten dieser Dinge waren mir bekannt, solange ich denken konnte. Auf einmal wurde ich wieder an den Tag erinnert, als ich, nicht lange nach meiner Bekehrung, im Übereifer die katholischen Heiligenbilder zerstört hatte, die überall herumstanden. *Verrückt, so etwas zu tun,* sagte ich lächelnd zu mir selber, *aber ich bin trotzdem froh, daß ich es getan habe.*

127

„Oh, hallo, Raul! Möchtest du eine Cola?" Mutter war bereits auf dem Weg zum Kühlschrank.

„Gern. Wo ist Vater?"

„Er ist einkaufen gefahren, muß aber jeden Moment zurückkommen."

Ich folgte meiner Mutter in die Küche. „Sag mal, Mama, was hast du eigentlich damals gedacht, als ich die ganzen Statuen kaputtgemacht habe? Warst du sehr ärgerlich?"

„Nein, ärgerlich eigentlich nicht. Ich wußte nur nicht, was in dich gefahren war. Wir hatten sie ja immer in unserem Haus gehabt und nachdem du religiös geworden warst, nahm ich an, daß du sie noch mehr als früher schätzen würdest. Statt dessen wolltest du sie auf einmal weg haben. Aber wirklich vermißt habe ich sie eigentlich nie."

„Weißt du denn inzwischen, warum ich das getan habe?"

„Wahrscheinlich hast du gedacht, daß wir zu ihnen beten würden oder so . . ."

„Viele Katholiken tun das, Mama."

„Ist das denn so schlimm, Raul? Es ist doch schließlich besser, zu irgend jemandem zu beten, als überhaupt nicht zu beten, oder?"

„Nein, Mutter, das stimmt nicht. Wenn man nicht durch Jesus zu Gott betet, betet man in Wirklichkeit gar nicht. Diese 'Heiligen' sind für Gott kein bißchen wichtiger als du!"

„Raul! Das darfst du nicht sagen!" Mutters gerunzelte Stirn zeigte deutlich, daß sie mir nicht glaubte. „Die Heiligen sind ganz wichtige Personen für die Kirche – keine einfachen Menschen wie ich!"

„Mama, die Bibel sagt, daß wir *alle* Heilige sind!" Entsetzt griff sie sich an den Kopf. Ich mußte unwillkürlich lachen. Sie konnte sich wohl nicht vorstellen, daß sie eine Heilige sein könnte. Und was *mich* betraf, war dieser Gedanke gewiß ganz und gar absurd!

Ich holte die Bibel vom Regal und schlug den Brief an die Epheser auf. „Hör zu, Mutter: ‚Paulus, ein Apostel Jesu Christi durch Gottes Willen, den *Heiligen* und an Christus Jesus Gläubigen, die in Ephesus sind . . . . .‘ Weißt du überhaupt, was das Wort ‚heilig‘ bedeutet? Es bedeutet, ‚reserviert, geweiht, untadelig, hingegeben‘. Das ist jeder von uns, dem Jesus die Sünden vergeben und den Er gerettet hat."

„Aber die Heiligen sind von der Kirche ausgewählt worden, weil sie wunderbare Dinge getan haben . . . . .“ Sie sah mich skeptisch an. „Sollten wir sie deswegen nicht besonders achten?“

„Wir alle können wunderbare Dinge tun, Mama. Wenn Gott es wollte, könntest du und könnte auch ich Tote aufwecken. Wir können *alle* Gesichte sehen, Kranke heilen und den Lauf der Weltgeschichte beeinflussen – durch die Kraft Gottes in uns!“

Mutter trank nachdenklich ihren Tee und sah dabei aus dem Fenster. Es fiel ihr offenbar schwer, meine Worte einzuordnen. Sie standen im direkten Widerspruch zu allem, was sie früher gelernt hatte, und trotzdem merkte sie, daß das, was ich sagte, die Wahrheit war. Endlich fing sie an zu reden: „Ich glaube, ich weiß, was du meinst. Und ich bete wirklich nicht zu ihnen, Raul. Nicht mehr!“

„Das ist das Allerwichtigste, Mama! Die Bibel sagt, daß es nur eine einzige Person gibt, die bei Gott für uns Fürsprache einlegen kann – nämlich Jesus. Er ist unser ‚Mittler‘. Wenn wir also zu irgend jemand anderem beten, verdrängen wir Jesus von Seinem rechtmäßigen Platz. Außerdem heißt es in der Bibel, daß wir uns keine Statuen oder ‚Bildnisse‘ machen und sie verehren sollen. Menschen, die Heiligenbilder benutzen, übertreten also in Wirklichkeit das Gesetz Gottes!“

Wir hörten Vaters Wagen in die Einfahrt biegen. Mutter sprang auf, um ihm eine Tasse Kaffee zu machen. Er kam mit einer Plastiktüte voller Lebensmittel in der einen und der Post in der anderen Hand ins Haus. „Es sieht so aus, als wäre meine Mutter am nächsten Wochenende hier“, sagte er und warf dabei einen Brief auf den Tisch.

„Mamacita kommt? Mensch, das ist toll!“ Ein Besuch von Mamacita war für mich immer etwas Erfreuliches.

Vater ließ sich in seinen Sessel fallen, um sich ein wenig auszuruhen. Mutter brachte ihm eine dampfende Tasse Kaffee und setzte sich neben ihn, wobei sie ihren frisch aufgegossenen Tee genoß. Ich beobachtete die Szene mit heimlicher Freude. Wann war es überhaupt vorgekommen, daß wir drei zusammensaßen und Gemeinschaft miteinander hatten? Das war wirklich erst möglich, seit Gottes heilende Hand meine Familie berührt hatte.

„Raul erzählt mir gerade etwas über die Heiligen . . . . ."

„Was ist mit ihnen?" Vaters Stimme klang ein bißchen schroff.

„Nein, es war Jesus, der dein Leben verändert hat, Vater, und nicht einer von den Heiligen."

Er schien etwas milder zu werden. „Ja, das stimmt. Mann, wie sehr hatte ich eine Veränderung nötig! Manchmal fällt es einem allerdings schwer zuzugeben, daß die Religion, der man sein ganzes Leben lang treu gedient hat, gar nicht so gut ist, wie man immer geglaubt hat. Oder daß sie ganz einfach nichts genützt hat. Das ist besonders schwer, weil wir immer Katholiken waren . . . ."

Vater unterbrach sich und hing seinen Gedanken nach. Ich konnte nur zu gut mitfühlen, wie ihm zumute war. Natürlich spielt Jesus Christus bei den Katholiken eine sehr wichtige Rolle. Er ist der Heiland, der am Kreuz für die Sünden der ganzen Menschheit gestorben ist. Er ist von den Toten auferstanden und lebt jetzt im Himmel. Alle diese Dinge sind für den Katholiken genauso selbstverständlich wie für mich. Und trotzdem . . . . . .

„Das Problem ist, daß eine *Religion* keinem Menschen die Sünden vergeben kann. Nur *Jesus* kann Vergebung schenken. So viele Rituale und eigene, menschliche Anstrengungen sind mit dem katholischen Glauben verquickt, daß ein Großteil der Leute am Wesentlichen einfach vorbeigeht. Sie lernen Gott überhaupt nicht kennen. Und in den meisten Fällen wissen sie nicht einmal, daß Er sie wirklich liebhat!"

„Das stimmt", lachte Vater, „ich war nie ganz sicher, ob es wirklich einen Gott gab . . . . . . geschweige denn einen Gott, der mich liebhatte."

Auch ich mußte ein wenig lächeln. „Der Gott, von dem ich hörte, als ich noch ein Kind war, war bestimmt kein Gott der Liebe. Auf gar keinen Fall! Ich hatte immer Angst vor Ihm. Und je mehr Böses ich tat, desto mehr wollte ich vor Ihm weglaufen. Ich fürchtete immer, daß Er mich erwischen würde! Ich kann es immer noch nicht fassen, daß Er mich so liebhat, wirklich nicht!" Die Tränen traten mir in die Augen.

Vater nickte mit dem Kopf, und ich fuhr fort: „Das ist ja gerade das Unvorstellbare. Wir alle mußten erst von unseren religiösen Vorstellungen loskommen und den kennenlernen, der uns geschaffen hat . . . . . . der uns liebhat . . . . . . und der am Kreuz für uns gestorben ist. Das ist der springende Punkt – Seine Vergebung annehmen und dann mit Ihm leben. Es ist mir fast zu wunderbar."

„Wir alle haben viel Grund zum Danken, Raul, ganz bestimmt."

„Hör mal, Vater, ich habe eine Überraschung für dich. Wie wär's mit einer Südamerikareise?"

„Was?"

Die Verblüffung, die sich auf Vaters Gesicht abzeichnete, brachte mich zum Lachen. „Im Ernst! Unsere Gemeinde hilft mit, eine Kirche und eine Bibelschule in Kolumbien zu bauen. Willst du nicht mit dorthin fliegen? Sharons Vater kommt auch mit. Es wird bestimmt prima."

Mutter streckte ihre Hand aus und legte sie auf Vaters Arm. „Du solltest mitfahren, du hast ja jetzt Zeit!"

„Ich werde es mir überlegen", sagte Vater.

Ich warf einen Blick auf meine Uhr und sprang auf. „Liebe Zeit, ich muß ja unbedingt los! Aber wartet nur, bis ihr morgen meine Predigt hört, es geht um das gleiche, worüber wir eben gesprochen haben."

„Die Heiligen?" Mutter sah besorgt aus.

„Eine spezielle Heilige, Mama. Maria."

„Die Heilige Jungfrau?" Jetzt sah sie noch besorgter aus.

„Maria, die Mutter Jesu. Sehen wir uns morgen im Gottesdienst?" Ich eilte zur Tür hinaus und winkte ihnen im Weggehen noch einmal zu. *Möchte wirklich wissen, ob sie kommen*, dachte ich, als ich losfuhr.

Seit einigen Wochen predigte ich nun schon über den Unterschied zwischen Religion und einer lebendigen Beziehung zu Gott. Nicht nur der Katholizismus war es, der die Leute vom Weg abbringen konnte. Das gleich konnte auch in der Calvary Chapel passieren, und nicht einmal der aufrichtigste Christ war dagegen gefeit. Sobald menschliche Aktivitäten und die Sorgen dieser Welt uns davon abhalten, zu Jesu Füßen zu sitzen, verlieren wir den Kontakt mit Ihm!

Aber die Tatsache, daß Menschen zur Jungfrau Maria beteten, beunruhigte mich ganz besonders. Von dem Tag an, als ich mich bekehrt hatte, hatte ich gefühlt, daß das eine gefährliche Lehre war. Während ich auf dem Weg zu meinem Büro war, dachte ich weiter darüber nach. *Das Heidnische daran ist wohl das Allerschlimmste. Jede falsche Religion auf der Welt hatte oder hat eine Göttermutter. Und die Tatsache läßt sich nicht leugnen, daß sehr viele Katholiken Maria tatsächlich verehren. Egal, was sie einem erzählen, sie beten sie wirklich an.*

In meinem Herzen wußte ich, was ich zu sagen hatte. Viele von denen, die meine Predigt hören würden, kamen aus dem Katholizismus. Ich wollte, daß sie die Wahrheit aus der Heiligen Schrift erfahren sollten. Die Schwierigkeit war nur, wie ich sie ihnen beibringen konnte, ohne sie zu verletzen. Diese aufrichtigen Leute waren, genau wie meine Angehörigen, in eine Tradition verliebt. Sie hatten viel stärker mit ihren eigenen gefühlsmäßigen Reaktionen zu kämpfen als mit den biblischen Wahrheiten selbst. Würde es mir gelingen, die Wahrheit in Liebe zu predigen?

Am Sonntag morgen rang ich immer noch mit meiner Botschaft. Trotzdem wußte ich ganz genau, daß ich sie weitergeben mußte. „O Gott", betete ich auf dem Weg zum Gottesdienst, „rede du durch mich durch die Kraft deines Heiligen Geistes! Bewahre meine Zunge, aber gib mir dennoch Freimütigkeit!"

Und so fing ich an zu predigen. Ich machte meinen Zuhörern klar, wie oft Jesus Maria bewußt gezeigt hatte, daß Er Gottes Sohn war und daß die Verantwortung, die Er trug, weit über ihren Einflußbereich hinausging. „Als Jesus gerade zwölf Jahre alt war, sagte Er zu Maria, die Ihn im Tempel zu Jerusalem gesucht hatte: ‚Was ist es, daß ihr mich gesucht habt? Wußtet ihr nicht, daß ich in dem sein muß, was meines Vaters ist?'

Als Jesus Sein erstes Wunder in Kana tat, indem Er Wasser zu Wein machte, war Maria diejenige, die Ihn von dem aufgetretenen Problem in Kenntnis gesetzt hatte. Seine Antwort lautet: ‚Was habe ich mit dir zu schaffen, Frau?'

Als Maria und die Brüder Jesu eines Tages kamen, um Ihn zu besuchen, sagte Er: ‚Meine Mutter und meine Brüder sind diese, die das Wort Gottes hören und danach tun.'

Erst als Er am Kreuz hing, nahm Jesus besondere Notiz von Maria als Seiner irdischen Mutter und übertrug die Verantwortung für sie Seinem Jünger Johannes."

Ich sprach weiter über Apostelgeschichte 1,13-14, wo Maria zum letzten Mal in der Bibel erwähnt wird. „Wer befand sich dort im Obersaal? Alle Jünger Jesu mit einigen Frauen und Maria, Seiner Mutter. Betete etwa einer von den Anwesenden zu Maria? Nein! Sie beteten darum, daß die Kraft des Heiligen Geistes fallen möchte, so wie Jesus es verheißen hatte. Und Maria reihte sich in das Gebet der übrigen mit ein. Sie wußte, daß sie die Kraft genau so nötig hatte wie alle anderen!

In 1. Timotheus 2,5 heißt es: ‚Denn einer ist Gott, und einer ist Mittler zwischen Gott und Menschen – nämlich die Jungfrau Maria.‘ Steht das dort? Nein! Da steht: ‚Einer ist Mittler zwischen Gott und Menschen, der Mensch Christus Jesus, der sich selbst als Lösegeld für alle gab.‘

Wir dürfen *niemals* zu Maria beten. Wir sollen durch Jesus Christus direkt zum Gnadenthron Gottes kommen. Maria nützt uns überhaupt nichts. Die Apostel nützen uns auch nichts. Aber wir haben unmittelbaren Zutritt zu Gott, der das Weltall geschaffen hat –, durch Seinen eingeborenen Sohn Jesus Christus!"

Ich hielt einen Moment inne, um Atem zu schöpfen. Meine Augen wanderten über die Versammelten. Keiner rührte sich. Es war mir ein Herzensanliegen, daß jeder der Anwesenden mich richtig verstehen möchte. Mit sanfter Stimme fuhr ich fort:

„Ich bin nicht gegen die Katholiken, ich bin *für* sie. Das Wort ‚katholisch‘ bedeutet *allgemein* – zu einem Leib gehörend. Um ein wahrer Katholik zu sein, mußt du durch den Heiligen Geist wiedergeboren werden. Du mußt Jesus als deinen Herrn und Heiland annehmen. Dann bist du eins mit Ihm. Und dann können wir auch untereinander alle eins sein."

In diesem Gottesdienst entschieden sich nach dem Aufruf wieder etliche Menschen für Jesus, und ich war dankbar dafür. Trotzdem hatte ich den Eindruck, daß es noch viel mehr zu dem Thema „Religion kontra lebendige Beziehung zu Gott" zu sagen gab. Ich freute mich riesig auf das folgende Wochenende, an dem ich mit Mamacita über das sprechen wollte, was Gott in ihrem Leben getan hatte.

An einem kühlen, klaren Abend holten Sharon und ich sie bei meinen Eltern ab. Es war einer jener wunderbaren Abende, wie wir sie in Kalifornien kennen. Die Palmen zeichneten sich scharf gegen den blauen Himmel ab; ein einsamer Stern leuchtete durch die Dämmerung. Wir konnten nicht umhin, die Schönheit der Schöpfung Gottes zu bewundern, während wir uns auf den Weg zu einem ruhigen Restaurant machten, wo wir gemeinsam zu Abend essen wollten.

Nachdem wir unsere Bestellung aufgegeben und die neuesten Familienereignisse besprochen hatten, begann ich die Fragen zu stellen, die mir seit Tagen durch den Kopf gegangen waren: „Mamacita, du bist so lange Katholikin gewesen. Wie kam es dazu, daß du dein Leben Jesus übergeben hast?"

Einen Augenblick lang sah sie mich nur an, ohne etwas zu sagen. Sie überlegte, wie sie ihre Antwort am besten formulieren konnte. „Raul", fing sie schließlich an, „vor ein paar Jahren ging ich zur Messe und setzte mich wie gewöhnlich auf meinen Stammplatz in der ersten Bank. Erinnerst du dich noch daran, daß ich immer dort saß?"

In Gedanken sah ich wieder die bekannte Kirche vor mir, die ich als Kind in Mexiko-City zu besuchen pflegte. Ich konnte förmlich noch den Weihrauch riechen.

Sie fuhr fort: „Ich wartete darauf, daß der Gottesdienst beginnen sollte, und sagte in der Zwischenzeit ein paar Gebete her. Plötzlich kam ein Mann vom Kirchenvorstand auf mich zu und bat mich, meinen Platz zu räumen. Zuerst wußte ich gar nicht, was er wollte, aber dann merkte ich, was los war."

Mamacita unterbrach sich, aß ein paar Bissen und sprach dann weiter: „Ein sehr reiches Ehepaar war zum Gottesdienst gekommen. Ich erkannte sie sofort. Es waren stadtbekannte Persönlichkeiten, die nur sehr selten zur Kirche gingen. Aber weil sie so reich waren und eine solch hohe Position bekleideten, hatten die Priester beschlossen, sie sollten in der ersten Reihe sitzen. Selbstverständlich machte ich Platz. Ich stand dann ganz hinten, bis der Gottesdienst vorüber war."

Sharon und ich sahen einander an. Wie leicht kann man doch in den Fehler verfallen, den Reichen schmeicheln zu wollen – auch in evangelischen Kreisen!

„Was hat das für dich bedeutet, Mamacita?"

„Nun, es bedeutet praktisch die Zusammenfassung meiner gesamten Situation. Es zeigte einfach auf perfekte Weise die innere Leere meiner Religion auf. Niemand kümmerte sich in diesem Augenblick um meine Person. Keiner war daran interessiert, was ich fühlen mochte. Die einzige Sorge der verantwortlichen Männer galt dem Geld und dem Prestige, das ihre Kirche durch dieses wohlhabende Ehepaar erwarten konnte."

„Was hast du dann gemacht?"

Mamacita lächelte. Ihre Antwort überraschte mich sehr. „Ich fing an, in der Bibel zu lesen! Ich wollte mehr über Gott erfahren. Ich wußte, daß Er an dieser schrecklichen Leere nicht schuld sein konnte. An Ihn geglaubt hatte ich ja schon immer. Erinnerst du dich daran, wie ich für dich gebetet habe?"

Ich nickte. Und ob ich mich erinnerte!

„Weißt du, schon beim ersten Mal, als ich die Bibel las, lernte ich mehr, als ich in meinem ganzen Leben durch den Besuch der Messe gelernt hatte! Sofort begannen sich Dinge in meinem Herzen zu verändern. Als ich dann hierher kam und die Veränderung bemerkte, die in deinem Leben stattgefunden hatte, konnte ich mit eigenen Augen *sehen,* was ich vorher gelesen und gefühlt hatte. Das, was ich in meinem Herzen erlebt hatte, zeigte sich an dir und den anderen Menschen in deiner Gemeinde. Endlich begriff ich, daß ich Gott persönlich kennen konnte, ohne an eine bestimmte Religion gebunden zu sein. Und dann zeigte Gott mir, daß Er mich liebhatte. Danach wurde bei mir alles anders!"

„Was passierte dann?"

Mamacita lächelte wieder, gleichzeitig standen Tränen in ihren Augen. „Ich bat Ihn, mir zu vergeben und in mein Leben zu kommen. Ich nahm Sein kostenloses Geschenk der Erlösung durch Jesus an. Erinnert ihr euch an den Abend, an dem ich nach vorn ging, um mit mir beten zu lassen?" Meine Frau und ich nickten. Wie hätten wir das jemals vergessen können!

„Seit dieser Zeit ist die innere Leere total verschwunden!"

Die Leere ist verschwunden. Als wir an diesem Abend wieder zu Hause waren, kniete ich nieder, um zu beten. Würde es mir jemals gelingen, die übersprudelnde Fülle des Geistes zu beschreiben, die Jesus gibt? Würde ich überhaupt die Worte finden für die Ströme der Freude, der Liebe und des Friedens, die unser Leben durchfluten, wenn Sein Heiliger Geist uns verwandelt? Würde ich mich klar genug ausdrücken können, so daß meine Zuhörer die trüben Reste ihrer Tradition wegräumen und leere, saubere Gefäße werden konnten, die der Herr mit Seinem göttlichen Leben erfüllen konnte?

„O Gott!" Wie ein Sturzbach strömten die Worte über meine Lippen. „Du weißt, wo ich einmal gestanden habe – und meine Familie auch! Es gibt Millionen von Menschen, die sich noch in dem gleichen Gefängnis der Schuld, der Furcht und der inneren Leere befinden wie wir damals. Du hast uns befreit, Herr, und ich bitte dich jetzt, gebrauche uns! Gebrauche *mich*, o mein Gott! Ich möchte die Botschaft von der Erlösung allen denen bringen, die noch gebunden sind. Den Katholiken, den Protestanten, den Atheisten – ganz gleich, wie sie sich nennen. Allen möchte ich von dir weitersagen, Herr, *allen!"*

Einige Wochen später flogen Vater und ich nach Kolumbien, um den Menschen dort von Gottes Liebe zu erzählen. Als Team unserer Gemeinde von West-Covina arbeiteten wir tagsüber fleißig mit am Bau und hielten abends Versammlungen. Zehn Tage lang waren Vater und ich ständig zusammen. Wir aßen zusammen, gingen zusammen spazieren, lachten und weinten zusammen und taten überhaupt alles gemeinsam. Es war so, als wenn Gott die Vater-Kind-Beziehung wieder hergestellt hätte, die ich als Junge so sehr vermißt hatte.

Als wir auf dem Rückflug waren, fragte ich Vater, was er von der Zeit in Kolumbien halte. „Die Leute waren alle so nett", gab er zur Antwort. „Sie taten so, als würden sie uns schon seit Jahren kennen. Ist das unter Christen immer so?"

„Ja, Vater, so sollte es wenigstens immer sein!"

„Und wie viele jeden Abend zum Gottesdienst gekommen sind ..... Raul, falls du mich noch einmal dabei haben möchtest, wenn Gott dich irgendwohin schickt, laß es mich bitte wissen!"

Ich mußt lächeln. Gott hatte noch viel mehr getan, als nur meinen Vater zu Christus zu ziehen. Er hatte ihm auch die Bereitschaft zum Dienst gegeben. Wie wunderbar, daß nun unsere ganze Familie dem Herrn diente!

13

VOM JÄHZORN ZUR FREIHEIT

Die Salzluft strich kühl und erfrischend über mein nasses Gesicht. Monatelang hatte ich keine Zeit mehr zum Wellenreiten gehabt, darum genoß ich es doppelt, wieder einmal auf dem Wasser zu sein. Unter der warmen Sonne von Huntington Beach wartete ich auf den „großen Brecher", der mich wieder auf den warmen Sand am Ufer zurücktragen würde.

Als ich nach etwa einer Stunde zu meinem Lagerplatz zurückkehren wollte, fiel mir ein junger Mann auf, der mich zu beobachten schien. Beinahe bewegungslos saß er auf seinem Handtuch, und sein schulterlanges Haar flatterte im Wind. Ich brauchte nicht lange, um zu wissen, daß ihm beide Beine fehlten. *Wetten, das ist auch einer von den Vietnam-Veteranen,* dachte ich bei mir selber.

Bei genauem Hinsehen stellte es sich jedoch heraus, daß der Mann mit dem argwöhnischen Blick für mich kein Unbekannter war. „John!" rief ich laut, nachdem ich ihn erkannt hatte. Wir hatten zusammen unsere militärische Grundausbildung absolviert. „Ja, ist das denn die Möglichkeit! Was machst du hier?"

„Surfen bestimmt nicht", sagte er bitter und wies dabei auf seine untere Körperhälfte.

„Ist das in Vietnam passiert?"

„Wo denn sonst?" lachte er, allerdings ohne eine Spur von Fröhlichkeit auf seinem Gesicht.

„Ja, Mann, ich bin selber ein Jahr drüben gewesen. Ich weiß, wovon du sprichst." Bilder tauchten in meinem Kopf auf. Ich sah Minen explodieren, hörte das Knallen der Gewehrschüsse, das Jammern meiner verletzten Kameraden, die blutend und zerrissen am Boden lagen. Wenn auch die Alpträume vier Jahre nach meiner Bekehrung aufgehört hatten, die Erinnerungen würden bleiben. Ich war nicht dabei gewesen, als John seine Beine verloren hatte, aber ich wußte genau, wie alles zugegangen war.

„Du scheinst ja heil davongekommen zu sein." John ließ seine Blicke prüfend über meinen Körper gleiten. „Du warst ja schon früher total verrückt. Wie hast du das geschafft –, alles abgeknallt, was dir über den Weg gelaufen ist?"

„So ungefähr . . . . . . Ich hatte wirklich eine schlimme Wut im Bauch. Es hat gar nicht lange gedauert, bis ich mit Begeisterung getötet habe. So ein richtiger Jagdeifer hatte mich gepackt, verstehst du?"

„Nein, eigentlich nicht. Ich war nur zwei Wochen drüben, da hat es mich erwischt. Ich hatte gar keine Zeit, Spaß am Kämpfen zu bekommen." Johns Augen blitzten bei jedem Satz zornig auf. Wir kannten uns von der Grundausbildung her, hatten uns aber nicht gesehen, seit ich mein Leben Jesus übergeben hatte. Ich schickte ein Stoßgebet zum Himmel, während ich mich neben ihn in den Sand setzte: *Gott, gib mir eine Gelegenheit, von dir zu zeugen!*

Unsere Unterhaltung wurde durch eine Reihe mächtiger Brandungswogen unterbrochen, die noch die letzten Surfer, von Gischtwolken umhüllt, an Land trugen. Jeder am Strand hörte auf zu reden, um das aufregende Schauspiel zu beobachten und sich daran zu erfreuen. Endlich begann John von neuen: „Was machst du jetzt beruflich?"

„Ich bin Prediger."

Er wußte vor Überraschung zunächst nicht, was er sagen sollte, doch dann fing er an zu lachen. „Du machst wohl Witze, was?"

„Nein, im Ernst! Hast du schon mal was von der Calvary Chapel in West-Covina gehört?"

„Mag sein . . . ."

„Das ist meine Gemeinde! Ich bin dort der Pastor."

„Das hätte ich wirklich nie gedacht, daß du ausgerechnet so was machen würdest! Du bist der Letzte, den ich mir als Prediger vorgestellt hätte!" John sah mich mißtrauisch von der Seite an, doch dann siegte seine Neugier. „Wie bist du denn so religiös geworden?"

„Ich nehme an, daß es im Grunde durch Vietnam gekommen ist. Ich war ja früher so voller Haß. Weißt du noch, wie ich ständig in Schlägereien verwickelt war?"

John lachte leise vor sich hin. „Wer könnte das vergessen?"

„Als ich dann nach drüben kam, bin ich förmlich explodiert. Ich war wie besessen vor Wut. Ich wollte sie alle umbringen – einschließlich meiner Vorgesetzten. Schließlich haben sie mich in eine Irrenanstalt gesteckt, weil ich mich so unmöglich benommen habe ......"

John grinste. „Mensch, was warst du verrückt!"

„Ja, das war ich wirklich. Und dann fingen die schrecklichen Erinnerungen an. Und die Alpträume. Immer mußte ich an das Furchtbare denken, das in Vietnam passiert war. Und dazu die Schuldgefühle! Am Abend legte ich mich voller Angst ins Bett –, um mitten in der Nacht schreiend aufzuwachen."

„Genau wie ich. Wahrscheinlich geht es vielen anderen auch so ..... Ich habe mit Dutzenden von ehemaligen Vietnamkämpfern gesprochen, und alle hatten sie das gleiche Problem. Die meisten von ihnen sehen im Traum irgenwelche Ärzte vor sich, die sich bemühen, ihren Kopf wieder klar zu bekommen."

Ich holte tief Atem. „Weißt du, ich *habe* wieder einen klaren Kopf bekommen, an einem Abend vor etlichen Jahren. Ich war so wütend, daß ich mit meinem Gewehr im Wohnzimmer saß und nur darauf wartete, meine Frau und meine Kinder umzubringen. Da sprach ein Prediger im Fernsehen über Jesus Christus. Er sagte, daß Jesus am Kreuz für meine Sünden gestorben sei und mir dadurch alles vergeben werden könne, was ich je an Bösem getan hätte. *Alles!* Ich konnte es fast nicht glauben! Als ein Gefangener, gebunden mit Ketten des Hasses und des Jähzorns, kniete ich mich nieder –, und als freier Mann stand ich von meinen Knien auf!"

John sah mich durchdringend an, und aus seinen Augen blitzte eine stählerne Härte. „Ja, also, ich für mein Teil bin nicht allzusehr

an einem Gott interessiert, der *das hier* bei mir zugelassen hat!"
John deutete auf die zwei Stümpfe an der Stelle, wo früher starke,
gesunde Beine gewesen waren. „Ich meine, du willst mir doch
nicht etwa weismachen, daß ein Gott der Liebe es zugelassen
hätte, daß ich in die Luft geflogen bin, Mann?"

Tausend Gedanken schwirrten mir durch den Kopf. Eine leicht-
fertig hingeworfene Antwort würde einen Menschen wie John
nicht zufriedenstellen. Er war so voller Groll, so furchtbar vom
Leben enttäuscht. Was konnte ich sagen? Wieder betete ich im
stillen: *O Gott, gib mir Weisheit!*

„Jesus hat auch Schreckliches durchgemacht, John. Als Er am
Kreuz starb, hatte Er schlimmere Schmerzen als du, so schlimm
deine auch gewesen sein mögen. Und weißt du, warum Er
gestorben ist?"

„Klar . . . . . wegen der Politik. Er war ein Opfer der Politik."

„Von wegen, Mann! Jesus hat Sein Leben freiwillig gegeben. Er
war der Sohn Gottes. Er kam nur zu dem einen Zweck auf diese
Erde, um zu sterben. Er ist auch für dich gestorben, John. Er starb,
damit du ewiges Leben haben kannst. Er kennt deine Schmerzen,
denn Er hat viel mehr gelitten als du. Das alles hat Er auf sich
genommen, damit du für ewig bei Ihm im Himmel leben kannst."

John wandte sein Gesicht der tosenden See zu. Offensichtlich
dachte er über meine Worte nach. Schließlich zuckte er die Ach-
seln und sagte: „Ich bleibe dabei, ein Gott der Liebe hätte so etwas
nicht zugelassen . . . ." Irgendwie kam es mir allerdings so vor, als
sei die Schärfe aus seiner Stimme gewichen.

„Warum kommst du nicht mal bei unserer Kirche vorbei und
besuchst mich? Dann können wir weiter darüber reden. Ich lade
dich auch zum Mittagessen ein. Okay?"

Ich stand auf und reichte ihm zum Abschied die Hand. Er nahm
sie und grinste: „Nie hätte ich mir vorstellen können, daß du
einmal Prediger werden würdest, Raul. Ja, gut, ich komme irgendwann mal vorbei. Bis dann also!"

Während ich nach Hause fuhr, dachte ich über John nach. Wie
viele junge Männer gab es, die in ihrem verwundeten, schmerzzer-
rissenen Herzen noch immer in Vietnam kämpften? *Es müssen
Tausende und Abertausende sein. Wie viele haben ihre Arme oder*

Beine verloren. Wie viele kommen nicht von ihren Schuldgefühlen los, weil sie irgend jemanden getötet haben. Dabei hatten sie gar keine andere Wahl.

Eins war mir klar: Leute wie John verstehen Gottes Liebe nicht. Sie haben keine Ahnung davon, daß Er sie segnen und mit Seiner Freundlichkeit und Güte überschütten möchte. Ich dachte an den Abend, an dem ich selbst zum ersten Mal begriffen hatte, daß Gott Liebe ist.

Ich hatte damals meine Bibel studiert, weil ich eine Lektion über Johannes 13 halten wollte. In Vers 5 war ich auf die Worte gestoßen: „Dann goß er Wasser in das Waschbecken und fing an, die Füße der Jünger zu waschen und mit dem leinenen Tuch abzutrocknen, mit dem er umgürtet war."

Ihre Füße zu waschen? hatte ich gedacht. *Er war doch der Gott, der das ganze Weltall geschaffen hatte. Wie konnte Er sich so weit erniedrigen?*

Ich hatte weitergelesen und festgestellt, daß Simon Petrus den gleichen Einwand vorgebracht hatte, der auch mir gekommen war: „Herr, du wäschst meine Füße? . . . . . Du sollst nimmermehr meine Füße waschen!"

Jesus antwortete: „Wenn ich dich nicht wasche, so hast du kein Teil mit mir."

Darauf erwiderte Petrus: „Herr, nicht meine Füße allein, sondern auch die Hände und das Haupt!"

Ich wußte noch, wie ich geweint hatte, als ich diese Worte zum ersten Mal ganz bewußt in mein Herz aufgenommen hatte. Jesus hat uns so lieb, daß Er uns die Füße wäscht! Mich, Raul Ries, hat Er so lieb, daß Er *mir* die Füße wäscht! In diesem Augenblick war die unermeßliche Liebe Gottes zu Seinen Kindern für mich persönlich zur Realität geworden.

Aber was war mit John? Wie konnte ich ihm helfen, daß er auch diese Liebe verstand?

In den Tagen, die auf die „zufällige" Begegnung mit John folgten, dachte ich oft über meine eigenen Erlebnisse in Vietnam nach. Ich dachte an den Jähzorn, der für mich als jungen Mann ein Teil meines Wesens gewesen war. Die Eiterbeule der Wut war nie geheilt. Und als ich aus Vietnam zurückgekommen war, hatte der Haß mich total verseucht.

„Der Satan hat dich wirklich in seinen Klauen gehabt!" hatte ein Neubekehrter einmal bemerkt, nachdem ich mein Zeugnis gegeben hatte. Ich war mir nie bewußt gewesen, daß mein Zorn vom Teufel kam, aber es ließ sich nicht leugnen, daß ich total unter dem Einfluß des Bösen gestanden hatte, als Gott mich packte. Er begegnete mir, als meine Not am allergrößten war. Als Er mich mit dem warmen, heilenden Öl Seines Geistes berührte, wurde mein Inneres heil und völlig neu.

Eines Samstagmorgens, als ich durch einen Frühlingsschauer hindurch zur Kirche fuhr, dachte ich wieder über das Dilemma der ehemaligen Vietnamkämpfer nach. *Vielleicht hat es etwas mit Vergebung zu tun . . . . . die Vergebung muß irgendwo anfangen. Aber wo?*

Ich wollte ein bißchen studieren und brauchte dazu ein paar Bücher, die ich im Gemeindebüro liegenlassen hatte. Während ich also an diesem regnerischen Vormittag mit meiner Predigtvorbereitung beschäftigt war, wurde ich durch ein leises Klopfen an der Tür aus meinen Gedanken gerissen. Ich hob den Kopf und sah John vor mir! Wochen waren seit unserer Begegnung am Strand vergangen, und nun hatte er sich endlich aufgemacht, um mich in der Kirche zu besuchen. „Hallo, John! Wie schön, dich wiederzusehen!" begrüßte ich ihn. „Wie geht's dir?"

„Wenn du's wirklich wissen willst – das Leben ekelt mich an!" Heftig stieß er die Worte hervor. „Ich bin es leid, noch länger meinen elenden Körper mit mir herumzuschleppen. Manchmal möchte ich mir am liebsten eine Kugel durch den Kopf jagen!"

Ich sah ihn an, und das Herz wollte mir fast vor Mitleid brechen. „John, du mußt Jesus kennenlernen. Das ist die einzige Möglichkeit. Du kannst nicht ohne Ihn weiterleben . . . . "

Der gleiche harte Zug, den ich am Strand bei ihm beobachtet hatte, erschien auch jetzt wieder auf seinem Gesicht. „Ich habe kein Interesse daran, Gott kennenzulernen . . . . ."

Vergebung . . . . irgendwo muß sie anfangen. „John, meinst du, daß das passiert ist, weil Gott dich für irgend etwas bestrafen wollte?"

„Ja, ganz bestimmt! Ich habe früher eine Menge Spaß gehabt –, falls du weißt, was ich meine. Wahrscheinlich mehr Spaß, als Gott mir gegönnt hat. Darum hat Er sich was einfallen lassen!" Ein bitteres Lachen beendete seinen Ausbruch.

„Du meinst also, Gott habe dir die Beine abreißen lassen, weil du dich schlecht benommen hattest? Das stimmt nicht, John! Gott will uns durch Seine Güte zu sich ziehen, nicht durch Seinen Zorn." Ich schlug meine Bibel auf und las ihm Römer 2,4 vor: „Verachtest du den Reichtum seiner Gütigkeit und Geduld und Langmut und weißt nicht, daß die Güte Gottes dich zur Buße leitet?"

John sah mich mit einem ausdruckslosen Gesicht an. Was mochte er denken?

„Es ist eine schreckliche Welt, in der wir leben, John. Kinder verhungern, unschuldige Menschen werden auf der Straße erschossen. Wo man auch hinsieht, überall nur Leid und Elend. Das bist du nicht allein – es ist überall. Und die Ursache dafür liegt nicht bei Gott, sondern bei den Menschen. Wir Menschen sind voller Sünde. Wir sind von Grund auf böse und schlecht, solange wir ohne Gott leben. Und je weiter wir uns von Ihm entfernen, desto mehr tragen wir zu den Problemen bei.

Aber Gott hat eine Möglichkeit geschaffen, daß der Mensch das Böse mit Gutem überwinden kann – duch das Blut Seines Sohnes Jesus Christus. Wenn Sein Geist in unserem Herzen wohnt, fangen wir an, die Welt zu verändern – zum Positiven hin zu verändern. Aber solange wir Ihn nicht haben, sind wir, du und ich, einfach ein Teil des ganzen Wahnsinns. Du weißt ja, wie verrückt ich früher war; das ist bestimmt kein Geheimnis. Aber Gott hat mich total verändert und einen wertvollen Menschen aus mir gemacht. Das gleiche wird Er auch mit dir tun, wenn du Ihn läßt!"

„Du machst wohl Witze! Wie kann ich ohne Beine wertvoll sein? Ich kann ja überhaupt nichts tun. Ich bin behindert. Was meinst du mit ‚wertvoll'?"

„Dein Herz ist es, was zählt, John – nicht deine Beine und auch nicht deine Arme. Gott sieht nicht auf den äußeren, sondern auf den inneren Menschen. Er kann etwas Wunderbares aus deinem Leben machen – mit und ohne Beine! Aber nur, wenn du Ihn dein Herz verändern läßt. Willst du nicht gerade jetzt Seine Vergebung annehmen?"

„Vergebung wofür? Dafür, daß ich ein Krüppel bin?" John kochte vor Zorn, und das schlug sich in jedem seiner Worte nieder.

„Die Bibel sagt: ‚Alle haben gesündigt und erreichen nicht die Herrlichkeit Gottes.' Du. Ich. Jeder Mensch. Sogar schon kleine Kinder. Wir haben alle ein schmutziges Herz. Aber Gott möchte uns reinwaschen."

„Was soll ich denn deiner Meinung nach tun?" Bei aller Hilflosigkeit zeigte sich plötzlich ein ganz schwacher Hoffnungsschimmer auf Johns Gesicht. „Ich würde irgendwas vesuchen. Mein Leben ist sowieso verpfuscht – was kann ich da noch falsch machen?"

„Ich möchte, daß du jetzt mit mir betest, John. Du brauchst mir nur die Worte nachzusprechen . . . . . . O Gott, ich bin ein Sünder . . . ."

„O Gott, ich bin ein Sünder . . . ."

„Ich möchte Vergebung bekommen . . . . . ."

„Ich möchte Vergebung bekommen . . . . . "

„Ich möchte deinen Sohn Jesus in mein Leben aufnehmen und ein neues, verändertes Herz haben . . . ."

Auf diese Weise nahm John den Herrn Jesus in sein bisher so tragisch verlaufenes Leben auf. Seine Augen strahlten, als wir unser Gebet beendet hatten. Manche Dinge änderten sich bei ihm sehr schnell, andere dauerten etwas länger. Er mußte sehr viele innere Verletzungen überwinden und in vielen Punkten zur Vergebung bereit werden.

In den Wochen, die nun folgten, sah ich ihn hin und wieder im Gottesdienst. Es fiel mir auf, daß er sich mehr um sein Äußeres kümmerte. Seine Kleidung war sauberer. Er schien auch seine langen Haare häufiger zu waschen. Eines Sonntags aber sah ich auf den ersten Blick, daß etwas mit John nicht stimmte. „He, Mann! Was ist los? Du siehst so kaputt aus! Hast du Probleme?"

„Ach, nichts, Raul. Laß nur!"

„Was heißt hier ‚laß nur'? Bist du böse auf jemand? Oder habe ich etwas gesagt, was dich aufgeregt hat?" In Gedanken überflog ich meine Predigt und versuchte mich zu erinnern, ob ihn irgend etwas geärgert haben könnte.

„Nein, es ist bloß . . . . . ich weiß einfach nicht, ob das alles wirklich stimmt. Ich komme hierher zum Gottesdienst, und alle reden sie über Gott und Jesus und so. Aber wenn ich wieder zu Hause bin, sieht die Welt genauso aus wie vorher. Nichts hat sich wirklich verändert. Ich weiß bald nicht mehr, was wahr ist und was nicht."

„Liest du deine Bibel, John? Beschäftigst du dich mit dem Wort Gottes? Wenn du nicht regelmäßig die Bibel liest, kannst du nicht durchhalten . . . . ."

„Ja, ich versuche, sie zu lesen. Aber das meiste ist sehr schwer zu verstehen. Ich weiß zwar, was die Worte bedeuten, aber was hat es mit mir persönlich zu tun?"

„Gehörst du zu einem Bibelkreis?"

„Eigentlich nicht . . . . . ich bin zwar einmal zu einem gegangen, aber da kannte ich keinen . . . . ."

Natürlich geht nichts über persönliches Bibellesen und Gebet. Jesus immer besser kennenzulernen, ist eine der schönsten Erfahrungen, die jeder Neubekehrte machen kann. Dennoch war leicht zu sehen, daß John Gemeinschaft mit anderen Christen brauchte, die ihm helfen und seinen Glauben stärken konnten. Nachdem ich mich mit einigen unserer Hauskreisleiter darüber unterhalten hatte, fanden wir einen jungen Mann, der sich um John kümmern, mit ihm die Bibel lesen und beten und ihm in seinen Schwierigkeiten beistehen konnte. Es dauerte gar nicht lange, bis John so weit war, daß er selbst sich für andere öffnen und ihnen helfen konnte!

Einige Monate später aßen John und ich zusammen zu Mittag. Wir trafen uns in einem farbenfreudig ausgestatteten mexikanischen Restaurant in der Nähe der Gemeinde, und nachdem ich John mit einem langen, prüfenden Blick betrachtet hatte, mußte ich unwillkürlich lächeln. Er war ganz offensichtlich ein anderer Mensch geworden. „Du scheinst mir nicht mehr derselbe zu sein, den ich damals am Strand getroffen habe. Was meinst du jetzt in bezug auf dein Leben?"

„Ich bin tatsächlich nicht mehr derselbe, Raul. Ach ja, ein Krüppel bin ich natürlich immer noch, wie du siehst. Aber in meinem Herzen habe ich Frieden. Keine Alpträume mehr, keinen Haß, keine Bitterkeit. Es ist einfach wunderbar. Ich wollte selber mit allen diesen Dingen fertig werden, und ich konnte nicht. Aber jetzt hat Gott mein Leben in Seine Hand genommen, und ich kann nicht mehr zurück. Niemals! Ich bin ein neuer Mensch geworden!"

„Ich weiß, John. Die Bibel sagt: ‚Wenn jemand in Christus ist, so ist er eine neue Schöpfung; das Alte ist vergangen, siehe, alles ist neu geworden.' Das bedeutet wiedergeboren sein. Du bist ein neugeborenes Baby im Glauben. Und wenn du die Milch des Wortes Gottes zu dir nimmst und anfängst, immer mehr Gott zu vertrauen, dann wächst du einfach. Du wirst sehen, daß du stärker und immer stärker wirst, John. Du kannst noch zu einem großen Gottesmann werden!"

John sah mich kurze Zeit schweigend an und nickte. Dann sagte er lächelnd: „Ich wollte dich schon lange etwas fragen. Meinst du, daß es Dämonen waren, die uns diesen Haß eingegeben haben? War der Jähzorn vom Teufel, oder kam er nur aus uns selber?"

„Nun, auf jeden Fall hatte der Teufel uns unter Kontrolle, das weiß ich ganz bestimmt. Und ich glaube auch, daß die Dämonen uns sozusagen zu allem Schlechten verleitet haben. Wenn man im Fleisch lebt, so wie wir damals, gehört man zum Reich Satans. Aber als Gott uns zu Söhnen Seines Reiches gemacht hat, mußte der Teufel loslassen."

„Dann brauchen wir uns ja um ihn jetzt keine Sorgen mehr zu machen . . . ."

„Das habe ich nicht gesagt!" Ich fing an zu lachen. „Der Teufel schleicht ständig herum und sucht Leute, die er verschlingen kann. Ich habe nur gesagt, daß wir ihm nicht mehr *gehören*. Und solange wir nah bei Jesus bleiben, auf Seine Stimme hören, Sein Wort lesen und den Anweisungen Seines Geistes Folge leisten, kann Satan uns nichts anhaben. Er mag uns angreifen, aber er wird uns nicht besiegen!"

„Ich habe kürzlich im Bibelkreis einen Vers gelernt, Raul. Er heißt: ‚Wir sind mehr als Überwinder durch den, der uns geliebt hat!' Vielleicht bin ich in den Augen der Welt ein Verlierer, aber Gott hat mich zu einem Überwinder im Geist gemacht." Johns Augen leuchteten vor Freude, während er sprach. Sein Gesicht strahlte Milde und Freundlichkeit aus. „Gott liebt uns wirklich, Raul. Heute weiß ich das. Er hat mich wirklich und wahrhaftig lieb!"

Vor Freude hätte ich weinen mögen, als ich meinen neugeborenen Freund betrachtete. „Das ist wunderbar, John. Nur Gott war in der Lage, eine solche Veränderung in dir zu bewirken. Es ist so schön, daß ich es mit meinem Verstand gar nicht begreifen kann!"

14

VOLLKOMMEN GEMACHT.... IN IHM

Die Herbstwinde hatten das San Gabriel-Tal in dichten Nebel gehüllt und die Berge total verschluckt. Die Autolampen wirkten verzerrt, wie seltsame, weiß-glühende Kugeln. Ich war froh, nach Hause zu kommen; an diesem Abend machte das Autofahren wirklich keinen Spaß.

Als ich in die Auffahrt einbog, sah ich im Wohnzimmer Licht brennen. *Vielleicht ist Sharon noch auf,* dachte ich. Die Versammlung hatte lange gedauert, und ich war todmüde, aber ein paar Minuten der Unterhaltung mit Sharon würden mir guttun und helfen, mich zu entspannen. Leise schloß ich die Haustür auf und ging ins Wohnzimmer. Sharon sah zu mir auf und lächelte. Sie hatte es sich in ihrem Lieblingssessel bequem gemacht. Ihre Bibel lag aufgeschlagen auf ihrem Schoß. *Wie oft bin ich nach Hause gekommen und habe sie in der gleichen Stellung vorgefunden!* Der Anblick rührte mich.

„Wie war's, Raul?"

„Oh, schön . . . . . wirklich schön." Ich ließ mich auf die Couch fallen und sah sie einen Augenblick schweigend an. „Weißt du, woran ich gerade gedacht habe? Unzählige Male bin ich nach Hause gekommen und habe dich mit der Bibel im Sessel gefunden. Und heute sitzt du wieder da! Derselbe Bademantel, derselbe Sessel, dieselbe Stehlampe . . . . ."

Sharon lachte. „Früher hat dich das richtig wütend gemacht, oder?"

„Allerdings! Ich bekam dadurch immer so ein schlechtes Gewissen. Aber jetzt freue ich mich von Herzen darüber. – Sag mal, wie hast du überhaupt diese ganzen schrecklichen Jahre durchstehen können?"

„Das frage ich mich manchmal selber. Ich möchte so etwas wirklich nicht noch einmal erleben. Aber ich glaube, daß ich das zum großen Teil meinen Eltern zu verdanken habe. Sie haben mich dazu erzogen, meine Hilfe stets in der Bibel zu suchen, wenn ich Probleme hatte, und mich in allen Schwierigkeiten nur an den Herrn zu wenden."

„Du meinst also, du hättest dich von mir scheiden lassen, wenn du ein anderes Elternhaus gehabt hättest?" Ich versuchte mir mein Leben ohne Sharon vorzustellen, aber das war unmöglich.

„Wahrscheinlich ja. Aber ich habe immer geglaubt, daß es verkehrt ist, sich scheiden zu lassen, und daß man nie vor seinen Problemen fortlaufen soll. Das ist mir praktisch von Geburt an eingetrichtert worden."

Ein bekannter Bibelvers kam mir ins Gedächtnis, und ich sagte ihn laut auf: „Erziehe dein Kind in rechter Weise für seinen Lebensweg, dann wird es von ihm nicht lassen, wenn es alt wird (Sprüche 22,6 Bruns). Ist das nicht ein ganz klarer Beweis für die Treue Gottes?"

„Genau, Raul! Ich bin wirklich sehr dankbar für den Grund, den meine Eltern in meinem Leben gelegt haben. Durch sie ist mir Gottes Wahrheit immer ein fester Anker gewesen. Der hat mich gehalten, wenn alles andere ins Wanken geraten wollte."

Ich dachte an die verschiedenen Frauen, die in den vergangenen Monaten zu mir in die Seelsorge gekommen waren. Manche von ihnen waren von Ehemännern sogar tätlich angegriffen worden. „Was würdest du einer Frau raten, die von ihrem Mann geschlagen wird? Vor ein paar Tagen war noch so jemand bei mir im Büro. Diese Schwester hatte furchtbare Angst, daß ihr Mann sie umbringen könne, wenn sie bei ihm bliebe. – Warum bist du eigentlich nicht von mir weggegangen?"

„Weil ich nicht wollte, daß unsere Jungen irgendwann einen

anderen Vater bekommen würden. Mir war klar, daß ich bestimmt früher oder später jemanden kennenlernen würde, und das wollte ich auf keinen Fall. Wenn ich allein gewesen wäre, wäre ich vielleicht wirklich fortgegangen, aber das konnte ich unseren Kindern einfach nicht antun."

„Hattest du denn aber keine Angst? Niemand wußte doch besser als du, wie unberechenbar ich sein konnte, wenn der Jähzorn mich gepackt hatte."

„Natürlich hatte ich Angst. Deshalb hatte ich ja auch schon die Koffer gepackt, als du dich an jenem Abend bekehrtest. Ich hatte Angst um mich selber und auch um unsere Kinder. – Weißt du, Raul, ich würde keiner Frau raten, bei ihrem Mann zu bleiben, wenn dieser gewalttätig ist. Aber ich würde ihr auch nicht raten, gleich wegzulaufen und die Scheidung einzureichen, wenn er sie mal hart angefaßt hat. Jede Situation ist wieder anders. Und Frauen, die Probleme dieser Art haben, müssen auf das hören, was Gott sagt, nicht was andere Leute sagen."

„Was hat Gott denn zu dir gesagt, Sharon?"

„Ich weiß gar nicht, ob ich dir das überhaupt schon einmal erzählt habe, Raul. Am Abend vor unserer Hochzeit hatte ich eine solch schreckliche Angst, daß ich gar nicht wußte, was ich machen sollte. Obwohl ich dich liebhatte, wußte ich, daß ich im Begriff war, einen Ungläubigen zu heiraten, und daß das niemals Gottes Wille sein konnte. Immer wieder ging mir der eine Bibelvers durch den Kopf: ‚Was für eine Gemeinschaft hat der Tempel Gottes mit Belial?'"

„Aha, ich war also Belial!" sagte ich lachend.

„Wahrscheinlich ja." Sharon lachte ebenfalls. „Auf jeden Fall betete ich an jenem Abend und schüttete wirklich mein Herz vor dem Herrn aus. Ich sagte zu Ihm: ‚O Herr, du siehst, ich habe alles falsch gemacht. Jetzt muß ich diesen Mann heiraten, und ich habe solche Angst davor. Bitte, hilf mir!' Nachdem ich gebetet hatte, fühlte ich mich ein klein wenig besser, aber die eigentliche Antwort bekam ich am nächsten Tag."

„Was passierte denn?"

„Als ich am folgenden Morgen aufwachte, war die Angst immer noch da. Als ich dann in der Kirche den Gang hinunter zum Altar

150

schritt, sah ich dich kaum. Als wir das Ehegelübde nachsprechen mußten, sagte ich es zu Gott. Ich versprach, *Ihm* treu zu sein, *Ihn* zu lieben und *Ihm* zu gehorchen, solange ich leben würde. Es war so, als wenn ich mich mit dem Herrn verheiraten würde. Als uns dann der Pastor der Gemeinde als neuvermähltes Ehepaar vorstellte, spürte ich, wie der Heilige Geist mein Herz berührte und sagte: ‚Meine Hand ist auf dir. Es wird alles gut werden!' Es war so, als wollte Gott sagen: ‚Jawohl, du hast alles kaputtgemacht, Sharon, aber ich kann es wieder ganz machen.'"

„Hast du denn tatsächlich eine Stimme gehört?"

„Nein, akustisch nicht, aber trotzdem verstand ich ganz genau, was Gott mir sagen wollte. Mein ganzes Leben lang, seit meiner Bekehrung, hatte ich im Glauben gelebt und einfach Gottes Wort vertraut. Dies war das erste Mal, daß Er mir erschienen war und mich Seine Nähe hatte spüren lassen. Wie gesagt, ich verstand ganz genau, was Er sagte, und begann vor lauter Freude zu weinen."

„O ja, ich erinnere mich! Jetzt ist mir alles klar! Ich hatte damals ja keine Ahnung, was in deinem Innern vorging, aber ich werde nie vergessen, wie schön und strahlend du in jenem Moment aussahst. Das war es also! Wieder ein Beweis dafür, daß Gott auf so vielerlei Art und Weise zu uns redet."

„Ja, das stimmt. Und das war der Grund, warum ich die vielen Jahre bei dir ausgehalten habe. Wenn Gott uns eine Verheißung schenkt, und wir ganz genau wissen, daß sie von Ihm kommt, dann muß und wird Er sie erfüllen."

„Das steht in Jesaja 55,10-11. Hör zu!" Ich griff nach der Bibel, die auf Sharons Schoß lag, und las laut die altbekannten, wunderbaren Worte vor:

„Denn wie der Regen und der Schnee vom Himmel herunterkommt
und nicht dahin zurückkehrt,
sondern die Erde tränkt,
daß sie fruchtbar wird und sproßt
und dem Säemann Samen und dem Hungrigen Brot gibt,
so ist es auch mit meinem Wort,
das aus meinem Munde kommt.
Es kehrt nicht leer zu mir zurück,

sondern wirkt, was ich beschlossen,
und führt aus, wozu ich es gesandt habe (Bruns)."

„So ist es!" stimmte Sharon freudig zu. „Diese Verheißung hat mir Kraft zum Durchhalten gegeben, Raul. Ich wußte, daß Gott zu Seiner Zeit und auf Seine Weise alles gut machen würde. Und Er hat Sein Wort gehalten!"

Am nächsten Morgen klingelte das Telefon. Ich nahm den Hörer ab.

„Oh, hallo, Raul. Hier spricht Mary. Ist Sharon zu Hause?"

„Sicher, Mary, einen Augenblick!"

Ich reichte den Hörer Sharon weiter, machte mir einen Teller Cornflakes zurecht und setzte mich an den Tisch, um zu frühstücken, während Sharon mit ihrer Freundin zu sprechen begann. Aus dem, was sie sagte, konnte ich entnehmen, daß Mary Probleme mit ihrem Mann hatte – wieder einmal.

„Oh, das tut mir leid zu hören. Glaub mir, ich weiß, wie schwer es für dich ist. Ich habe das gleiche mitgemacht, das weißt du ja selber. Du hast ja Rauls Zeugnis gehört."

Sie lauschte für einen Moment und gab dann mit Entschiedenheit zur Antwort:

„Mary, nicht *ich* war es, die Raul zur Bekehrung gebracht hat, sondern Gott!"

Sie schwieg wieder, während Mary sprach. Dann fuhr sie fort: „Ja, natürlich habe ich für ihn gebetet. Und ich bin auch bei ihm geblieben. Aber mein Leben als Christ hing nicht davon ab, ob Raul sich bekehren würde oder nicht. Ich mußte persönlich dem Herrn treu sein, so oder so."

Wieder eine Pause.

„Laß mich schnell meine Bibel holen, Mary, ich möchte dir etwas vorlesen."

Sharon legte kurz den Hörer hin, griff nach ihrer Bibel, schlug sie auf und las Mary Jesaja 54,4-6 vor:

„Fürchte dich nicht, denn du wirst nicht zuschanden,
und schäme dich nicht, denn du wirst nicht beschämt dastehen
. . . . .
Denn dein Gemahl ist dein Schöpfer,
Herr der Heerscharen ist sein Name . . . . .

Denn wie eine entlassene und tiefgekränkte Frau hat dich der Herr
gerufen
und wie die Frau der Jugend, wenn sie verstoßen ist, –
spricht dein Gott.
Verstehst du, was das heißt, Mary? Es heißt, daß *Gott* es ist, der
dich wirklich liebhat. Er ist der einzige, der überhaupt in der Lage
ist, dich total zu lieben. Er kannte dich, ehe du geboren wurdest.
Er weiß über jeden Tag deines Lebens Bescheid. Er weiß, was dich
glücklich macht und was dir Schmerz bereitet. Auch die ganz
kleinen Dinge, die dir Freude geben, kennt Er –, Dinge, die du
keinem anderen Menschen erklären kannst. Und Er sagt, daß Er
dein Gemahl ist, dein Ehemann!"

Wieder war Schweigen, während Mary antwortete.

Dann hörte ich Sharons Erwiderung: „Natürlich bist du dem
Fleisch nach mit Doug verheiratet. Du bist diese Ehe ja ganz
bewußt eingegangen. Und wir alle, die wir verheiratet sind, tragen
eine große Verantwortung. Wir alle wissen um die Freuden und
um die Nöte einer Ehe.

Aber wenn wirklich der Herr dein Ehemann ist, brauchst du die
letzte Erfüllung nicht von Doug zu erwarten. Er kann sowieso
nicht alle deine Bedürfnisse stillen, egal, ob er ein Christ ist oder
nicht. Auch Raul, der jetzt wirklich ein guter Ehemann ist, kann
nicht alle meine Bedürfnisse erfüllen. Das kann nur Gott. Und aus
Erfahrung kann ich dir sagen, Mary: Er tut es auch!"

Als das Telefongespräch zu Ende war, sah Sharon zu mir her-
über und lachte. „Warst du überrascht über das, was ich gesagt
habe?"

„Nun, ich hatte so etwas zwar noch nie von dir gehört, aber was
du gesagt hast, stimmt wirklich. So sehr ich es mir auch wünschte,
kann ich dir doch nicht all das sein, was ein Ehemann sein sollte."

„Niemand auf Erden kann das, Raul. Das ist mir erst ganz deutlich geworden, nachdem du dich bekehrt hattest. Vorher hatte ich
immer das Gefühl, ich hätte dich an die Welt verloren. Wenn du
nicht mit deiner Clique zusammen warst, warst du beim Kung Fu
oder vertriebst dir die Zeit mit Wellenreiten. Immer war irgend
etwas los.

Als du dann aber den Herrn in dein Herz aufgenommen hattest, bekam ich den Schock meines Lebens. Ich ertappte mich bei dem Gedanken: ‚Jetzt habe ich ihn an Jesus verloren!' Vor deiner Bekehrung oder hinterher –, nie warst du da, wenn ich es für richtig gehalten hätte."

„Das tut mir wirklich leid, Sharon . . . ." Ihre Worte stimmten mich traurig, doch schon fuhr sie fort:

„Nein, es braucht dir nicht leid zu tun. Gott hat mir etwas klar gemacht, was allen Schmerz aus meinem Herzen genommen hat. Eines Abends war ich draußen und sprach mit Ihm. Es war eine klare, mondlose Nacht, und es schien mir, als könne ich jeden einzelnen Stern sehen, den Gott je geschaffen hat. Ganz plötzlich schoß eine Sternschnuppe über den Himmel und verschwand. Im gleichen Augenblick hörte ich im Herzen Gottes Stimme: ‚Sharon, die menschliche Liebe gleicht dieser Sternschnuppe. Im Moment erscheint sie dir wunderbar strahlend und aufregend schön, aber kurze Zeit später ist sie verschwunden, und nichts bleibt zurück als eine schöne Erinnerung –, oft sogar eine gähnende Leere.'

Anschließend zeigte Er mir den ganzen übrigen Nachthimmel, die Milchstraße, die Planeten, alle die vielen Sternkonstellationen, die seit Tausenden von Jahren auf unsere Erde herableuchten. ‚Die Stunden, die du in Gemeinschaft mit mir verbringst, gleichen diesem Sternenhimmel, Sharon. Ich bin immer da. Ich verändere mich nie. Ich bin bei dir bis in alle Ewigkeit.'"

Den ganzen Tag über beschäftigte ich mich in Gedanken mit dem, was Sharon gesagt hatte. Was für eine wunderbare Wahrheit –, und was für eine Freiheit bedeutete sie für mich als Ehemann! Meine Verantwortung vor Gott lag darin, die Regeln, die Er in der Bibel für Ehemänner niedergelegt hatte, zu befolgen. Darüber würde ich eines Tages vor Ihm Rechenschaft ablegen müssen. Aber es war nicht meine Verantwortung, Sharon glücklich zu machen. Die letzte Erfüllung konnte nur Gott ihr schenken.

Das Christenleben ist im Grunde eine einsame Pilgerreise, überlegte ich. *Manchmal feiern wir Menschen zusammen Gottesdienste und haben Gemeinschaft untereinander als Brüder und Schwestern im Herrn. Manchmal ist es uns auch vergönnt, eine ganz besonders innige Gemeinschaft als Mann und Frau, als Eltern und Kinder oder als enge Freunde zu erleben. Aber mein Wandel mit Gott ist die wichtigste Beziehung, die es überhaupt gibt. Es ist eine ganz enge, persönliche Beziehung – nur Er und ich. Er möchte, daß ich Ihn von ganzem Herzen, ganzer Seele, ganzem Gemüt und ganzer Kraft liebe. Und ich darf es niemals zulassen, daß irgendein anderer Mensch Seinen Platz in meinem Herzen einnimmt.*

Am nächsten Morgen wollten Sharon und ich zusammen frühstücken. Je mehr Arbeit ich hatte, desto weniger Zeit blieb uns für die Gemeinsamkeit. Wir mußten es lernen, uns einfach Zeit zur Unterhaltung zu nehmen. Sonst konnte es passieren, daß wir uns gegenseitig fremd wurden und jeder seine eigenen Wege ging, wie zwei flüchtige Bekannte, die zufällig in demselben Haus wohnen. Aber die Gespräche, die wir in letzter Zeit miteinander geführt hatten, hatten in mir den Wunsch geweckt, mehr von Sharon zu hören. Es war äußerst interessant zu erfahren, wie Gott in ihrem Leben gewirkt hatte.

Wir kamen noch einmal auf das Telefongespräch mit Mary zu sprechen. Ich hatte zwar schon vorher gewußt, daß Mary und Doug Eheprobleme hatten, aber es war mir nie bewußt gewesen, daß Sharon seit Monaten immer wieder mit ihrer Freundin darüber gesprochen hatte. „Ich kann mich nicht erinnern, dich je einen Menschen so gut seelsorgerlich beraten zu hören, wie du das mit Mary getan hast. Es war toll, wie du sie auf die Bibel hingewiesen hast. Und dazu die Art, wie du deine eigenen schweren Erlebnisse benutzt hast, um ihr in ihren Schwierigkeiten zu helfen. Ich war direkt platt!"

„Weißt du, Raul, die Leute sagen mir immer, was für ein großartiger Mensch ich bin, weil ich es so viele Jahre bei dir ausgehalten habe . . . . ." Wir mußten beide lachen. „Aber Tatsache ist, obwohl ich immer die Bibel gelesen und auch gebetet habe, war ich doch total mit mir selber beschäftigt. Ich habe Gott zwar immer dazu benutzt, meine Probleme zu lösen, aber nie wirklich versucht, Ihm zu dienen."

Ich unterbrach sie. „Aber du warst doch immer eine phantastische Ehefrau und Mutter. Und nie hast du mich bekniet, mit zur Kirche zu gehen, oder versucht, mich zu bekehren. Lieber wärst du ebenfalls zu Hause geblieben und hättest auf den Gottesdienst verzichtet, als daß du mir deinen Glauben aufgedrängt hättest. Darin warst du wirklich sehr rücksichtsvoll. Ich hatte immer das Gefühl, daß die Kinder und ich vorgingen."

„Es ist wahr, daß ich versucht habe, meine Pflicht zu erfüllen. Ich war auch entschlossen, keine gemeindlichen Aktivitäten zwischen uns treten zu lassen. Aber es ging mir dabei wie Martha: anstatt zu den Füßen Jesu zu sitzen, Ihm zuzuhören und Ihn liebzuhaben, war ich meistens in der Küche mit Essenmachen und anderen Dingen beschäftigt. Oder ich saß im Sessel, las die Bibel und betete, daß alles besser würde."

Ich wußte nicht recht, worauf sie hinaus wollte. „War das denn nicht richtig, Sharon?"

„Doch, schon, aber ich sollte noch mehr tun. Und du bist derjenige gewesen, der mich darauf gebracht hat, Raul."

„Was meinst du?"

„Nachdem du dich bekehrt hattest, hast du dein Leben sofort total Gott ausgeliefert. Du warst bereit, irgend etwas zu tun, irgendwohin zu gehen, mit irgend jemandem zu sprechen. Tag und Nacht hast du dich mit der Bibel beschäftigt, und zwar nicht nur für dich selber. Du fühltest dich getrieben, hinauszugehen und mit anderen Menschen darüber zu reden. Weißt du noch, wie du gleich zu Anfang in die Oberschule von Baldwin Park gegangen bist und den Schülern dort über deine Erfahrung berichtet hast?"

„Ja, ich konnte einfach meinen Mund nicht halten. Aber das ist nun einmal meine Natur, Sharon. Du bist viel stiller und mehr in dich gekehrt."

„Das stimmt. Aber das heißt noch lange nicht, daß ich das Recht habe, mich nur um mich selbst zu drehen. Während ich zusah, wie schnell du im geistlichen Leben Fortschritte machtest, merkte ich, daß ich eher einem Tümpel mit stehendem Wasser glich. Dein Glaube wuchs geradezu sprunghaft, und das lebendige Wasser floß durch dich hindurch wie duch ein riesiges Rohr. Ich selbst dagegen war zwar vollgestopft mit geistlichen Wahrheiten, Bibelversen und dem Wissen um Glaubensdinge. Aber ich gab nie etwas davon weiter. Das hat Gott mir klargemacht."

„Was hattest du denn zurückgehalten?"

„Mich selbst. Ich wollte mich nicht öffentlich zur Schau stellen. Ich wollte alle meine Gedanken, Gefühle und Erfahrungen für mich behalten, weil ich dachte, auf diese Weise könne keiner mir zu nahe kommen und mich verletzen. Aber während ich dich beobachtete, wurde mir klar, daß man, um andere zu lieben, verwundbar sein muß. Man darf sich nicht aus Gründen der Selbstverteidigung abkapseln. Denk nur daran, wie ehrlich Paulus in bezug auf sein Leben und seine Gefühle gewesen ist. Diese Offenheit hat Gott seit beinahe zweitausend Jahren gebraucht, um das Leben unzähliger Menschen zu beeinflussen und zu verändern. "

„Du weißt doch, was Jesus gesagt hat, Sharon: ‚Umsonst habt ihr's empfangen, umsonst gebt es auch weiter.'"

„Genau das war es, was ich bei dir gesehen habe. Ich mußte es Gott gestatten, mein Herz zu verändern, damit ich mich auch für andere Menschen öffnen konnte. Du hast also recht: Wenn ich mir die Zeit nehme, mit einem Menschen wie Mary zu sprechen, dann ist das wirklich eine ganz neue Erfahrung für mich. Aber weißt du was? Es macht mir direkt Freude!"

„Und weißt *du* was, Sharon?" Ich sah meine Frau mit aufrichtiger Hochachtung an. Ich liebte sie mehr als je zuvor. „Du hast so viel Gutes und Wertvolles zu sagen, daß du es selbst wahrscheinlich gar nicht merkst. Vielleicht bist du tatsächlich jahrelang wie ein Tümpel mit stehendem Wasser gewesen, aber du hast diese ganze Zeit über geistliche Wahrheiten in dir gespeichert, weil du dich mit Gottes Wort beschäftigt hast. Und jetzt ist die Zeit gekommen, daß du hinausgehen und dieses Wort an andere weitergeben kannst!"

Es schien mir unbegreiflich, daß Gott mein Leben dazu benutzt haben sollte, Sharon zu inspirieren. Für mich war sie immer der Inbegriff eines treuen Christen gewesen, eine vorbildliche Frau Gottes.

Am Spätnachmittag desselben Tages sah ich zum Küchenfenster hinaus und beobachtete den Himmel. Ein Sturm war angesagt und sollte innerhalb der nächsten zwölf Stunden losbrechen. Am Horizont sah man bereits riesige graue Wolken sich drohend zusammenziehen. Ich beobachtete, wie sie immer näher herankamen und dabei immer zahlreicher wurden. Nicht mehr lange, und die ersten Tropfen würden fallen. Zunächst würde es nur ein feiner Sprühregen sein, der dann aber stärker werden und sich vor Tagesanbruch in einen ausgewachsenen, beständigen Dauerregen verwandelt haben würde.

Genauso ist es mit unserem Leben, dachte ich. *Aus der Nähe betrachtet, scheint sich kaum etwas daran zu verändern. Die Tage vergehen, und nur wenig Bemerkenswerts geschieht. Wenn man aber dann nach längerer Zeit einmal Rückschau hält, sieht man, daß Gottes mächtige Hand langsam, aber sicher so manche Veränderung bewirkt hat.*

Auch mir ist es so ergangen. Heute habe ich ein schönes Zuhause, eine liebe, gläubige Frau und drei großartige Söhne. Meine Angehörigen haben zu Jesus gefunden. Mein Leben ist dem Dienst Gottes geweiht. Hunderte haben durch meine Verkündigung den Herrn angenommen. Tausende haben meine Predigten oder Predigtkassetten gehört. Und wer bin ich? Ein Niemand! Trotzdem besitze ich alles, was sich ein Menschen nur wünschen kann, und noch tausendmal mehr!

Und all das ist so ruhig und still vor sich gegangen, so sanft und ohne jegliche Manipulation meinerseits. Keine menschliche Anstrengung war dazu nötig. Alles hat Gott getan. Was kann ich da anders tun, als auf die Knie fallen und Ihn anbeten?

Ein Vers kam mir in den Sinn, den ich besonders liebgewonnen hatte. Es war Kolosser 2,10: „Ihr seid in ihm vollkommen gemacht, der das Haupt jedes Fürstentums und jeder Gewalt ist."

Herr, betete ich still, *nur durch dich habe ich es bis hierher geschafft. Und wenn du nicht vorher wiederkommst, habe ich vielleicht noch dreißig oder vierzig Jahre zu leben. Um es noch einmal klar zu sagen, Herr: diese noch verbleibenden Jahre gehören dir!*

Ich bin vollendet in dir. Du bist das Haupt. Und glaub mir, nach allem, was du für mich getan hast, möchte ich es wirklich nicht anders haben!

Weitere empfehlenswerte Bücher mit biblischer Botschaft aus dem Verlag C. M. Fliß:

Mit Lobpreis leben von Dr. Judson Cornwall
... ist das ganz andere Lobpreis-Buch!
Judson Cornwall will Sie aktiv mit hineinnehmen in den Lobpreis Gottes. Sie sollen ein Mensch des Lobpreises werden. Der Lobpreis ist weder Gedanke noch Gefühl, er ist Ausdruck! Er sollte nicht von Gefühlen beherrscht werden, sondern die Gefühle freisetzen. Der Lobpreis beginnt im Geist des Menschen, wird vom Willen des Menschen gelenkt und schließt, wenn er zum Ausdruck kommt, den ganzen Menschen ein.

Anbetung – Lebensstil der Heiligen von Dr. Judson Cornwall
Das Hauptthema der Bibel, die Anbetung, soll Ziel und Inhalt Ihres Lebens sein. Keine starren Prinzipien werden hier vermittelt, sondern dynamisches Leben durchpulst dieses Buch. Anbetung kommt von Gott, ist ein Werk Gottes in uns und fließt durch uns zu Gott zurück.

Von der Zinne des Tempels – Glaube oder Vermessenheit?
von Prof. Dr. Charles Farah
Dieses Buch wurde geschrieben, um die Lehre von der Souveränität Gottes einer Generation von Gläubigen gegenüber neu geltend zu machen, die meint, daß Gesundheit, Wohlstand und Glück der Maßstab ist, an dem echter Glaube gemessen werden kann.
Charles Farah erwarb am Wheaton College einen Magistergrad (M.A.), am Fuller Seminary ein Bakkalaureat (B.D.) der Theologie. Er promovierte an der Universität von Edinburgh und lehrt seit 1967 als Professor der Theologie und Geschichte.

Lobpreisstraße von Dr. Don Gossett
Lassen Sie sich von Don Gossett auf die Lobpreisstraße führen. Dort ist für Sie persönlich eine Wohnung reserviert. Ziehen Sie ein! Auf der Lobpreisstraße können Sie allerdings kein Haus kaufen, sondern nur mieten. Regelmäßiger, von Herzen kommender Lobpreis ist die »Miete«, die man »bezahlen« muß. Und man kann nur so lange dort wohnen bleiben, wie man fortfährt, Gott zu preisen. Preisen Sie deshalb Gott, loben Sie ihn immer wieder von neuem! So erhalten Sie Dauerwohnrecht auf der Lobpreisstraße.

Berührt von Jesu Liebe von Dr. Don Gossett
Nach seiner »Lobpreisstraße« macht uns Don Gossett mit diesem neuen Buch ein lebensspendendes Geschenk! Sie werden erfahren, wie man in einer Welt voller Einsamkeit und Verzweiflung Jesu Liebe ausstrahlen und dadurch seine Mitmenschen berühren kann.

Frohe Botschaft – Heilung für dich von A. B. Simpson
Jesus hat im Markusevangelium zusammen mit dem Missionsbefehl seinen Jüngern die Frohe Botschaft der Heilung durch Glauben aufgetragen. Die heutige Welt braucht die mitfolgenden Zeichen ebenso wie das apostolische Zeitalter. Der Dienst und Auftrag Jesu besteht weiter. Auch heute dürfen und müssen die Nachfolger Jesu einer glaubenslosen sterbenden Welt die Botschaft der Sündenvergebung verkünden, bestätigt durch die Zeichen und Kraftwirkungen des Heiligen Geistes. Und dazu gehört auch die Heilung durch Glauben!

Frohe Botschaft – Sieg des Kreuzes von Oskar M. Lardon
Oskar M. Lardons Lebensthema war und ist der Sieg des Kreuzes. In diesem Buch nimmt er den Leser mit hinein in den Kampf zwischen Licht und Finsternis, zwischen Sünde und Gnade, der von Jesus Christus am Kreuz auf Golgatha siegreich entschieden wurde. Unsere Schuld ist bezahlt, und wir sind mit Gott versöhnt, weil Jesus durch sein Blut Frieden gemacht hat. Der Sieg des Kreuzes gilt allen Menschen und bleibt für Zeit und Ewigkeit bestehen.

Frohe Botschaft – Volles Heil in Christus von Hans R. Waldvogel
Es hat Gott wohlgefallen, durch den gesegneten Dienst von Pastor Hans R. Waldvogel viele Menschen aus einem Leben in Sünde und Nacht zu erretten. Andere wurden durch seine Predigten und Seelsorge in ihren Heilserfahrungen gefestigt und weitergeführt. Frohe Botschaft – Volles Heil in Christus will den Leser mit den biblischen Wahrheiten unserer völligen Errettung durch das teure Blut Jesu und unserer Umgestaltung in Jesu Wesen bekannt machen.

Der Schleier zerriß von Gulshan Esther
Eine direkte Nachfahrin des Propheten Mohammed wird zu einem lebendigen Zeugnis für die Kraft Gottes, die alle Hindernisse durchbrechen kann. Ihre verzweifelte Suche wird in wunderbarer Weise beantwortet. Der Weg führte vom Koran zur Bibel, von Mohammed zu Christus, von Allah zum Gott der Bibel.

Richten Sie Ihre Bestellungen bitte an
Versandbuchhandlung C. M. Fliß, Postfach 610470, 2000 Hamburg 61